Josef Wilpert

Die Malereien der Sakramentskapellen in der Katakombe des heiligen Callistus

Josef Wilpert

Die Malereien der Sakramentskapellen in der Katakombe des heiligen Callistus

ISBN/EAN: 9783743412064

Hergestellt in Europa, USA, Kanada, Australien, Japan

Cover: Foto ©Thomas Meinert / pixelio.de

Manufactured and distributed by brebook publishing software (www.brebook.com)

Josef Wilpert

Die Malereien der Sakramentskapellen in der Katakombe des heiligen Callistus

Die

Malereien der Sacramentskapellen

in der

Katakombe des hl. Callistus.

Von

Joseph Wilpert.

Mit 17 Illustrationen.

Freiburg im Breisgau.
Herder'sche Verlagshandlung.
1897.
Zweigniederlassungen in *Wien, Strassburg, München* und *St. Louis, Mo.*

Buchdruckerei der Herder'schen Verlagshandlung in Freiburg.

An die hochwürdigste theolog. Facultät der Königlichen Akademie zu Münster i. W.

Vor einem Lustrum hat mir die hochwürdigste theologische Facultät in Münster i. W. honoris causa die theologische Doctorwürde verliehen. Es war die erste Anerkennung, die mir für meine wissenschaftlichen Arbeiten aus der Heimat zu theil geworden ist. Wenn ich mit dieser höchsten Ehre, welche die theologische Facultät als wissenschaftliche Corporation zu verleihen hat, in verhältnissmässig jungen Jahren ausgezeichnet worden bin, so konnte ich darin nur die Ermunterung erblicken, dem Studium der christlichen Archäologie trotz der mannigfachen und grossen Opfer, die es mir auferlegt, auf dem klassischen Boden Roms treu zu bleiben und ihm auch in Zukunft alle meine Kräfte zu weihen. Dieser Entschluss steht seit langem in mir fest; er ist jetzt um so unerschütterlicher, als die noch junge Wissenschaft in der letzten Zeit durch den Tod Giovanni Battista de Rossis ihren Begründer, durch den Tod Edmond Le Blants einen ihrer hervorragendsten Förderer verloren hat.

Aus den Früchten meiner jüngsten Studien gestatte ich mir der hochwürdigsten Facultät meine Arbeit über »Die Malereien der Sacramentskapellen in der Katakombe des hl. Callistus« zu widmen, und bitte ergebenst, diese Widmung anzunehmen, damit der wissenschaftlichen Welt öffentlich bekannt werde, welchen Werth ich jener mir verliehenen Auszeichnung beilege und wie aufrichtig meine Dankbarkeit ist.

Rom, im Juli 1897.

Joseph Wilpert.

DER THEOLOGISCHEN FACULTÄT

AN DER

KÖNIGL. AKADEMIE zu MÜNSTER I. W.

EHRERBIETIGST ZUGEEIGNET.

Vorwort.

Die wenigen Zeilen, die dem vorliegenden Aufsatz vorausgeschickt werden, bezwecken vornehmlich eine persönliche Rechtfertigung. Schon vor längerer Zeit habe ich das Erscheinen einer grössern **Arbeit über die altchristlichen Bildwerke Roms** in Aussicht gestellt und in meinen letzten Schriften **wiederholt auf dieselbe verwiesen**. Wenn ich heute, nach Ablauf **der angesetzten Publicationsfrist**, statt jener Arbeit einen kleinen Aufsatz der Oeffentlichkeit übergebe, **so liegt die Schuld nicht an mir**. Der erste Band der *Bildwerke*, der die *Malereien der Katakomben* behandelt, liegt fast ganz druckfertig vor. Es war bestimmt, ihn innerhalb dieses Jahres in einer deutschen und **französischen Ausgabe zu veröffentlichen**. Da wurde an massgebender Stelle der Wunsch geäussert, dass **ich mein Werk als Fortsetzung der** *Roma Sotterranea* Giovanni Battista **de Rossis drucken lassen** möchte. Diesem Wunsche musste natürlich entsprochen **werden**. Die daraufhin eingeleiteten **Verhandlungen mit der** *Commissione degli scavi di archeologia sacra* hatten **den Beschluss zur Folge, dass meine Arbeit über** die *Malereien der Katakomben Roms* den zweiten **Theil des vierten Bandes der** *Roma Sotterranea* **bilden und zu gleicher Zeit mit dem ersten Theil, aber als separater Band erscheinen sollte**[1]. Da der erste **Theil den** bewährten **Archäologen Prof. O. Marucchi und Comm. E. Stevenson anvertraut ist, so darf man die begründete Hoffnung hegen, dass seine Fertigstellung nicht lange auf sich warten lassen wird**. Inzwischen **will ich die Zeit des** unvorhergesehenen **Aufschubes benutzen, um einige Fragen, die in** meiner Arbeit bisher **nur kurz**

---

[1] Zu gleicher Zeit mit der italienischen wird eine **deutsche, selbständige Ausgabe** veranstaltet werden.

berührt sind, eingehender zu erörtern und vor allem ihren Tafelbestand so vollständig als möglich zu gestalten. Denn die vorliegende Schrift zeigt, dass auch die Tafeln der drei Bände der *Roma Sotterranea*, wo sie Katakombengemälde reproduciren, bisweilen nicht ganz zuverlässig sind. Es that mir leid, hier in einigen Punkten den zu berichtigen, der mir nicht bloss Lehrer, sondern, was mehr gilt, väterlicher Freund war. Ich habe indes die Ueberzeugung, dass meine Berichtigungen ganz den Intentionen des unvergesslichen Meisters entsprechen, der in allem nur die Wahrheit suchte, ja dessen Leben ganz dem Dienste der Wahrheit gewidmet war.

Dass ich diese Studie als eine eigene Monographie veröffentliche, wird keiner Begründung bedürfen; handelt es sich doch um Monumente, die jährlich Tausenden von Romfahrern gezeigt werden.

Der Verfasser.

Inhaltsangabe.

	Seite
Vorwort	VII
Verzeichniss der Figuren	X
I. Vorbemerkungen. Name	1
II. Nachtheiliger Einfluss von *Philosoph*. IX, 11	3
III. Gewandung. Irrthümer der veröffentlichten Copien	15
IV. Innerer Zusammenhang der Gemälde	25
V. Stilistische Bemerkungen. Zeitbestimmung	30
VI. Malereien von A⁶ und A⁵. A⁴ ist vielleicht keine Sacramentskapelle	33
Anhang. Die Malereien der „cripta delle pecorelle"	38
Schlusswort	47

Verzeichniss der Figuren.

Fig. 1—2. Plan der Galerie A, in welcher die Sacramentskapellen liegen; Fig. 1 zeigt sie in der ersten, Fig. 2 in der zweiten Periode der Anlage. Nach de Rossi, *Roma Sotterranea* II, tav. LIII—LIV (S. 3).

Fig. 3. Christus mit der Samariterin am Jakobsbrunnen. Rechte Seite der Thürwand in A^3 (S. 4).

Fig. 4. Christus als Richter. Hinterwand in A^2 (S. 5).

Fig. 5. Ein Heiliger als Advocat. Rechte Seite der Thürwand in A^2 (S. 6).

Fig. 6. Taufe eines einfachen Gläubigen. Hinterwand in A^2 (S. 7).

Fig. 7. Daniel verurtheilt die beiden Alten und befreit Susanna von der falschen Anklage. Linke Bogenwand eines Arcosols oberhalb der Eusebiusgruft (S. 11).

Fig. 8. 'Quellwunder Moses'. Rechte Bogenwand eines Arcosols oberhalb der Eusebiusgruft (S. 12).

Fig. 9. 'Quellwunder Moses'; Fischer; Mahl der sieben Jünger. Linke Wand in A^2 (S. 16).

Fig. 10. Christus wirkt das Wunder der Brod- und Fischvermehrung; daneben eine verhüllte Orans. Hinterwand in A^3 (S. 17).

Fig. 11. Fischer; Taufe Christi; der geheilte Gichtbrüchige, sein Bett tragend. Linke Wand in A^3 (S. 18).

Fig. 12. Aufnahme des Gläubigen durch Gott in die Seligkeit aus dem von den Stürmen bedrohten Schifflein der Kirche; daneben ein Ertrinkender. Hinterwand in A^2 (S. 22).

Fig. 13. Mahl der Sieben. Linke Wand in A^5 (S. 35).

Fig. 14. Decoration der Hinterwand in A^6 (S. 36).

Fig. 15. 'Quellwunder Moses'; Moses löst die Sandalen, um sich Gott zu nahen. Rechte Bogenwand des Arcosols der cripta delle pecorelle (S. 39).

Fig. 16. Christus wirkt das Wunder der Brod- und Fischvermehrung. Linke Bogenwand des Arcosols der cripta delle pecorelle (S. 40).

Fig. 17. Der gute Hirt bringt das Schaf zu seiner Herde; zwei Selige erquicken sich am Quellwasser. Lunette des Arcosols der cripta delle pecorelle (S. 42).

Nota bene. Die Figuren 3—17 sind nach meinen Originalaufnahmen, welche die Gemälde in ihrem gegenwärtigen Zustande zeigen, hergestellt.

I.
Vorbemerkungen. Name.

Einer der grössten Triumphe der unterirdischen Forschung de Rossis war die Auffindung der sogen. Sacramentskapellen in der Katakombe des hl. Callistus. Es sind das nach der bisherigen Annahme **fünf** mit werthvollen Fresken geschmückte Kammern (A², A³, A⁴, A⁵ und A⁶), die unweit der Papstgruft (L 1) in einer der zwei Hauptstrassen der I. Area, sämtlich auf einer Seite, liegen[1]. Ihre Architektur bietet nichts Besonderes dar: sie enthalten keine Arcosolien, sondern nur Loculi (Nischengräber) in den beiden Seitenwänden und in der Hinterwand. Während der Verfolgung Diocletians wurden sie mit den benachbarten historischen Grüften der Päpste und der hl. Cäcilia verschüttet[2]. Später hat man sie nicht wie diese ausgegraben, sondern es wurde auf dem durch den Schutt neugewonnenen Niveau ein oberes Stockwerk angelegt. Die Malereien sind auf der Eingangswand, in den breiten Feldern zwischen den Nischengräbern und auf der Decke vertheilt. Wer in den Kammern bestattet war, wissen wir nicht. Denn im verflossenen Jahrhundert haben die Fossoren Boldettis ihr zerstörendes Werk in ihnen ausgeübt: alle Gräber wurden erbrochen und ihres Inhaltes beraubt. Die Verschlussplatten, welche ganz waren, wurden fortgeschleppt, die zerschlagenen liess man im Schutt zurück. Nur an einem einzigen Loculus, in der Kammer A⁶, ist ein Fragment der zugehörigen Inschrift haften geblieben: es zeigt den Namen VPICTII. In jener Zeit oder kurz darauf wurden auch einige der Malereien von der Wand abgelöst. Zum Glück traf dieses Los nur wenige, sei es, weil man sie nicht verstand oder, was wahrscheinlicher ist, weil man sie nicht schön genug fand. Diese Malereien nun sind es, die den Kammern ihren eigenthümlichen Reiz und ihren hohen **Werth** verleihen.

[1] Vgl. Fig. 2.
[2] De Rossi, *Roma Sotterranea* II, 248, tav. LIII—LIV, Fig. 2a und 7a.

I. Vorbemerkungen. Name.

Ein eigenes Verhängniss hatte bisher über den Gemäldecyklen der Sacramentskapellen gewaltet; obwohl sie seit ihrer Veröffentlichung durch de Rossi der Gegenstand überaus zahlreicher Besprechungen geworden sind, ist es noch nicht geglückt, das volle Verständniss aller ihrer Darstellungen zu erschliessen. Mehrere Ursachen haben hierzu beigetragen. Schon der Name „Sacramentskapellen", den P. Marchi den Kammern gab, war nicht gut gewählt; er ist sogar ganz unzutreffend und hatte zur Folge, dass mancher Gelehrte sich abmühte, in den Malereien derselben so viele Sacramente als möglich zu constatiren. P. Garrucci z. B. erkannte in ihnen die Taufe, Eucharistie, Firmung und Busse [1]. De Rossi adoptirte den Namen und begründete ihn damit, dass „die Kammern mit symbolischen Gemälden, die sich auf die Taufe und Eucharistie beziehen, geschmückt" [2] seien. Er hat insofern recht, als dort wirklich nur diese beiden Sacramente zur Darstellung gekommen sind; da aber die gleichen Sacramente in den Katakomben sehr häufig zusammen abgebildet wurden, so müsste man jenen Namen folgerichtig auch auf eine Anzahl anderer Kammern und selbst Arcosolien ausdehnen. Wir stehen indess vor einer vollendeten Thatsache: der Name Sacramentskapellen hat sich, wie jener der „Cappella greca", in der christlichen Alterthumskunde seit langem so eingebürgert, dass es im Interesse der Deutlichkeit liegt, ihn auch weiter beizubehalten.

Ernsterer Natur sind die andern Ursachen, welche die richtige Erklärung eines Theils der in den Sacramentskapellen vorgestellten Scenen unmöglich machten; wir werden über sie im folgenden Rechenschaft zu geben versuchen.

[1] Garrucci, *Storia d. arte crist.* II, 11. 12. 14.
[2] De Rossi, *Roma Sott.* II, 246.

II.
Nachtheiliger Einfluss von Philosoph. IX, 11.

Ueber das chronologische Verhältniss der fünf Kammern zu einander hat de Rossi eingehende Untersuchungen angestellt, welche zu dem Resultate führten, dass zuerst A² und A³, dann, in umgekehrter Reihe, A⁶, A⁵ und A⁴ angelegt und ausgemalt wurden[1]. Dieses geschah nach ihm „unter dem Pontificat des Zephyrin und des Callistus, d. h. in den ersten

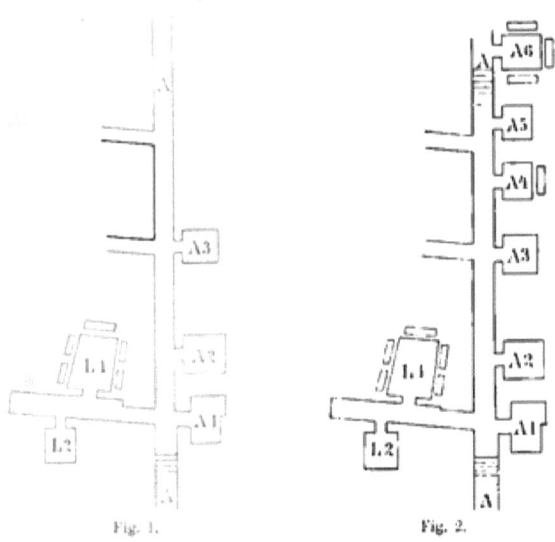

Fig. 1.   Fig. 2.

Lustren des 3. Jahrhunderts"[2]. Eine für die Geschichte der Callistuskatakombe wichtige Notiz der *Philosophumena* IX, 11 meldet in der That, dass Zephyrin „den Callistus mit der Leitung des Clerus betraut und ihn über das Coemeterium gesetzt hat". Auf diese Nachricht gestützt und

---

[1] Vgl. Fig. 1 und 2. Die Kammer A¹ hat infolge von baulichen Veränderungen ihren Bilderschmuck bis auf einige Eintheilungslinien gänzlich eingebüsst; sie ist daher für den Zweck der vorliegenden Arbeit von gar keinem Belang.

[2] De Rossi, *Roma Sott.* II, 328.

1*

im Hinblick auf den tiefen theologischen Gehalt der Fresken der Sacramentskapellen hielt de Rossi es für wahrscheinlich, dass die „fünf Kam-

Fig. 3.

mern unter der Leitung des Callistus selbst ausgemalt" worden wären[1]. Eine solche Annahme hätte an sich nichts Unmögliches, denn die Bildercyklen von A^2 und A^3 setzen in ihrem Autor ein ungewöhnliches Mass

[1] *A. a. O.* p. 247.

von theologischer Bildung voraus; sie lässt sich jedoch durch nichts beweisen und übte dadurch, dass ihr zu viel Gewicht beigelegt wurde, auf die Auslegung einiger Fresken einen nachtheiligen Einfluss aus. Den Anstoss gab das Bild, welches in A³, auf der Eingangswand, rechts von dem

Fig. 4.

Eintretenden, gemalt ist (Fig. 3). Diese Gruppe, schreibt de Rossi, „steht unter den altchristlichen Bildwerken bisher einzig da und ist überaus schwer zu erklären. Der erste Gedanke eilt zu der Unterredung der Samariterin am Jakobsbrunnen. Aber von diesem Ereigniss besitzen wir Darstellungen, die von der vorliegenden Scene ganz und gar verschieden sind. ... Hier sitzt zuoberst ein Mann und entfaltet eine Schriftrolle; in einem viel tiefern Felde[1] zieht eine Figur, welche männlich, nicht weiblich

Fig. 5.

zu sein scheint, den Eimer aus dem Brunnen". — Ist aber die Figur männlich, so kann es sich selbstverständlich nicht um die Samariterin handeln.

Diese, wie wir bald sehen werden, unrichtige Auffassung des Bildes hatte ihre Folgen. In der Kammer A[2] befindet sich auf der Hinterwand

---

[1] Vgl. S. 10 Anm.

ein sitzender Mann, welcher mit demjenigen der Brunnenscene eine grosse
Aehnlichkeit hat und vorzüglich erhalten ist (Fig. 4). Aus dieser Aehnlichkeit schloss de Rossi, dass in dem ausgebrochenen Felde, welches das
Complement enthielt, ebenfalls der Brunnen mit einer wasserschöpfenden
männlichen Figur gemalt war. „In derselben Kammer", sagt de Rossi

Fig. 6.

weiter, „ist auf der Eingangswand, gegenüber dem sitzenden Manne, ein
gleicher Lehrer stehend abgebildet (Fig. 5); sein Gegenstück ist auch
zerstört. Ein Stuckfragment jedoch, das in der Kammer gefunden wurde,
bewahrt Spuren eines mit dem Ausgraben beschäftigten Fossors; nun ist
der einzige Platz, den dieser eingenommen haben kann, die linke Seite
der Eingangswand. Es scheint mir also, dass der Maler hier den Fossor,

der die Kammer ausgegraben, und den Lehrer, der die symbolische Ausschmückung derselben leitete oder in ihr begraben wurde, im Bilde verewigt hat. Dieser Lehrer ist auf der Hinterwand, wie er sitzt und unterrichtet, dargestellt; vielleicht ist er es auch, der die Taufe (Fig. 6) vornimmt, denn der Taufende hat in der Linken eine Rolle [1], wie der stehende Lehrer neben dem Fossor. Daher ist der sitzende Mann mit der entfalteten Rolle in der Brunnengruppe (Fig. 3) mit dem unterrichtenden Lehrer in A [2] identisch." De Rossi stützt seine Auslegung der Bilder durch den Hinweis darauf, dass „in der römischen Kirche zwischen dem 2. und 3. Jahrhundert ebenso wie in Alexandrien kirchliche Lehrer blühten", und dass Origenes, welcher der letztern Schule angehörte, in dem Brunnen ein „Symbol der tiefen und mystischen Gedanken der Heiligen Schrift sah und dem Moses die erklärenden Worte in den Mund legte, welches der Brunnen sei, de quo aquae spiritales hauriendae sunt et reficiendus populus credentium, ut sensum mysticum de profundis possit haurire" [2].

Prof. Victor Schultze eignete sich diese Resultate an, gestaltete sie aber auch nach dem Bedarf seiner Forschung um. Der sitzende Mann der Brunnenscene ist ihm „der Besitzer der Grabstätte .... welcher nach einem festgesetzten Plane, wie die entfaltete Schriftrolle andeutet, die Anlage und Ausstattung derselben leitet". Den Brunnen symbolisch zu deuten, gehe nicht an; denn „der Mann vollzieht die Aufgabe des Wasserschöpfens in so geschäftiger Eile und mit so handwerksmässiger Geübtheit, und ist in Haltung und Kleidung in dem Grade realistisch gefasst, dass in der Darstellung nicht mehr als eine Scene des alltäglichen Lebens, die sich irgendwie an die Katakomben anknüpft, erkannt werden kann" [3]. — Hatte de Rossi den taufenden Geistlichen von A [2] (Fig. 6) mit dem „Lehrer" identificirt, so glaubt Schultze, dass der Täufling, der ihm „ein Knabe von ca. 12 Jahren" zu sein scheint, ein und dieselbe Person mit dem „Erbauer und Besitzer dieser Grabkammer" sei. „Das bestätigt" ihm „die an derselben Wand befindliche Figur eines sitzenden Mannes (Fig. 4), welche auf der rechten Thürwand wiederkehrt (Fig. 5) und dort als Gegenstück einen in voller Thätigkeit befindlichen Fossor hatte. ... Der Mann, hier aufrecht stehend, macht mit der Rechten einen Gestus, der unverkennbar einen ertheilten Befehl begleitet". Er ist „der Besitzer des Grabes, welcher dem Fossor für die Herstellung desselben Anweisungen

---

[1] Die Rolle ist, wie meine Copie (Fig. 6) beweist, eine Zuthat des Copisten; auf dem Originalgemälde existirt sie nicht.
[2] De Rossi, *Roma Sott.* II, 345 f.
[3] V. Schultze, *Archäologische Studien* 95.

gibt. Es lässt sich freilich für eine solche Verbindung der beiden Personen kein Beweis führen, aber dieselbe ergibt sich so ungesucht, und der stehende Mann ist so individuell[1] gefasst, dass diese Annahme sich wohl behaupten dürfte, um so mehr, da eine bessere Interpretation bis jetzt nicht gegeben ist". Was endlich das zerstörte Wandstück gegenüber dem sitzenden Manne anlangt, so „vermuthet" Schultze, „dass dieses den Künstler darstellte, der betreffs der Decorirung des Cubiculums von dem Besitzer Anweisungen erhielt, wodurch für die Bilder an den Thürwänden eine passende Parallele gewonnen würde"[2].

Prof. Kraus stimmt de Rossi in der Erklärung der stehenden und der zwei sitzenden Männer bei und gibt sie als „Prediger oder Lehrer" aus; den „wasserschöpfenden Mann" glaubt er besser durch V. de Buck gedeutet, dessen Hypothese, die „Gemälde der Sacramentskapellen in beabsichtigte Beziehung zu den bei der Ausspendung der Taufe und dem Empfang der Communion gelesenen Lectionen aus dem Alten Testament zu setzen", ihm „gar nicht unwahrscheinlich erscheint"[3]. Hiernach „wäre die Scene mit dem Lehrer und dem Wasserschöpfenden geradezu der fünften Prophetie (Is. 54 u. 55) entnommen: „Der Person, welche an dem Brunnen Wasser schöpft, werden die Worte: ‚Omnes sitientes venite ad aquas', dem dasitzenden Lehrer jene: ‚Inclinate aurem vestram et venite ad me' in den Mund gelegt"[4].

Prof. Peters findet „weder die eine noch die andere Erklärung dem Zweck des ganzen Bilderkreises entsprechend". „Vielmehr erinnert der übersprudelnde Brunnen, aus dem eine Person Wasser schöpft, an die Worte Christi: ‚Wer an mich glaubt, aus dessen Leibe werden, wie die Schrift sagt, Ströme des lebendigen Wassers fliessen' (Joh. 7, 38), und der über demselben sitzende Lehrer an das Organ, wodurch die Kirche den Gläubigen die bei der Taufe übernommenen Verpflichtungen ohne Unterlass vorhält und ins Gedächtniss zurückruft" u. s. w.[5].

[1] Von der „Individualität" macht Schultze hier an unrechter Stelle Gebrauch, denn der Kopf dieser Figur war schon zur Zeit der Wiederentdeckung der Malereien fast ganz verblichen. [2] Schultze, Stud. 57.
[3] Kraus, Geschichte der christlichen Kunst 163. Wir können uns für diese Hypothese nicht begeistern; was de Buck namentlich über die Jonasdarstellungen schreibt, lässt seine Worte: „Comme je n'ai pas fait de cette matière (gemeint sind die Katakombenmalereien) l'objet spécial de mes études, je sens quelque embarras pour exprimer ma pensée" nur zu begründet erscheinen (V. de Buck, Le cimetière de Saint-Callixte et les travaux de M. M. de Rossi in Études religieuses, historiques et littéraires par des pères de la Compagnie de Jésus 1868, tom. II, 500).
[4] Kraus, Roma Sott. (2. Aufl.) 325.
[5] Peters in Kraus, Real-Encyklopädie I, 448.

Alle diese Deutungen der „Besitzer", „Lehrer" und „Prediger" bauen sich auf einer falschen Basis auf, nämlich auf der unrichtigen Erklärung des Brunnenbildes von A³ (Fig. 3). Das Fresco stellt nichts anderes als Christus mit der Samariterin dar. Die von den sonstigen Darstellungen dieses Gegenstandes etwas abweichende Anordnung der Gruppe war einzig und allein durch den Raum bedingt. Der Künstler hatte ein schmales, hohes Feld auszufüllen, konnte daher die beiden Figuren nicht nebeneinander, sondern musste sie, dank seiner Unkenntniss der Perspective, übereinander malen[1]. An der Rolle wird man sich wohl nicht stossen; denn sie ist ein Attribut, das in der Malerei vor allem Christo beigegeben wird; beachtet man sodann die lange Unterweisung, welche Christus dem Weibe am Brunnen zu theil werden liess, so erklärt sich, warum die Rolle entfaltet ist. Was endlich die Samariterin betrifft, so hat, wie anderswo, auch hier der Schein getrogen. Mag der Kopf auch wenig von einer weiblichen Figur an sich haben, der übrige Theil des Körpers mit seiner Bekleidung ist der einer Frau. Die etwas höhere Schürzung der Stola motivirt hinreichend die augenblickliche Beschäftigung, der die Samariterin obliegt, indem sie aus einem übersprudelnden

---

[1] Garrucci (*Storia* II, 13 sg.) hat in der Frau die Samariterin erkannt; in Christus sieht er aber den Propheten Malachias „che ricorda le profetiche parole a cui fe' allusione Cristo, quando disse essere venuto il tempo, nel quale Iddio sarebbe conosciuto e adorato per tutto". Für seine Auslegung kann Garrucci nur den Umstand anführen, dass der Künstler Christum „al secondo piano", nicht neben dem Brunnen gemalt habe. Diese Annahme von zwei verschiedenen *piani*, der wir auch kurz vorhin bei de Rossi („in un piano assai più basso") begegnet sind, ist eine Uebertreibung; man wäre nicht auf sie verfallen, hätte der Copist de Rossis nicht die beiden Umrahmungsborten des Bildes ausgelassen. Roller (*Catacombes de Rome* I, 136. 142) schliesst sich in der Erklärung der Samariterin an Garrucci an; Christum hält er für einen jener anspruchsvollen Lehrer (Priester), die von der Kanzel herab dem schlichten Gläubigen das Gesetz verkünden: „tandis que précédemment" — auf dem bekannten Bilde der Unterredung in Praetextat — „le Christ s'était tenu de plain-pied avec la pauvre Samaritaine, lui parlant sans apparât, ici l'un des docteurs qui prétendent lui succéder, l'épaule demi-nue comme les philosophes grecs, drapé dans son pallium, s'est assis sur un *scamnum* qui bientôt deviendra une *cathedra*. Il enseigne de loin et de haut. Naturellement, au lieu de pouvoir tirer ce qu'il dit de son propre fonds, il est obligé de le puiser dans un livre sacré, dans le volume qu'il déroule à la façon antique.... C'est la prééminence du docteur sur le simple fidèle qui a déjà surgi. On ne se parle plus d'égal à égal" etc. Rollers Auslegung wiederholte im wesentlichen Pératé (*L'archéologie chrétienne* 132 s.): „Ne vaudrait-il pas mieux ... voir ici l'image de la Samaritaine, et, au-dessus d'elle, non plus, il est vrai, Jésus (dont l'image serait différente), mais un des prêtres ensevelis dans le caveau, et précisément un *lecteur* lisant aux fidèles le récit évangélique indiqué par notre fresque?"

Brunnen Wasser schöpft. Christus sitzt auf einem Felsstück von der Form eines Würfels; er ist bartlos und trägt den Philosophenmantel. Auf den von de Rossi abhängigen Copien hat er irrthümlich die Tunica und das Pallium; bei Garrucci ist er sogar „con poca barba" abgebildet.

Fig. 7.

Besser ist die Copie bei Roller[1], der eine Parker'sche Photographie reproducirt hat.

Ich sagte soeben, dass „der Schein auch anderswo getrogen hat". Dieses geschah, um nur ein Beispiel anzuführen, bei der Erklärung des Bildes eines Arcosols der Callistuskatakombe, welches aus der zweiten

---

[1] *Catacombes de Rome* I, pl. XXIV, 8.

Hälfte des 3. Jahrhunderts stammt und als „Verhör eines oder zweier
Märtyrer durch den Kaiser"[1] eine grosse Berühmtheit erlangt hat (Fig. 7).
Es stellt in Wirklichkeit die Verurtheilung der beiden Alten
durch Daniel und die Befreiung Susannas dar. Das Gesicht
Susannas weist vollständig männliche Züge auf, ein Umstand, der die
Interpreten um so eher in die Irre führen konnte, als an den Haaren

Fig. 8.

welche ursprünglich die Form des *tutulus* hatten, sich die Farbe stellen-
weise abgeblättert hat. Das Gewand ist dagegen das einer Frau, nämlich
die lange, bis zu den Knöcheln reichende Dalmatik, während die drei
männlichen Figuren (Daniel auf dem Tribunal und die beiden Alten) mit
Tunica und Pallium bekleidet sind. Die „Lorbeerkränze", die man an
dem „Kaiser" (Daniel) und dem „sacerdos coronatus" (dem fortgehenden

---

[1] De Rossi, *Roma Sott.* II, tav. XX, 2 p. 219 sgg. De Rossis Ansicht theilen die
meisten Archäologen, selbst Le Blant (*Les persécuteurs et les martyrs* 279).

Alten) constatirt hat, sind die Locken des reichen Haares, eine Eigenthümlichkeit des Malers. — Zu diesem Ergebniss führte mich ein Fund, den ich an dem Bilde, das der Verurtheilung gegenüber gemalt ist, machte (Fig. 8). Hier sollte derselbe „lorbeerbekränzte Kaiser" „sitzend das Urtheil über die Martyrer fällen"[1]. Das Fresco ist fragmentarisch auf uns gekommen. Um einer weitern Zerstörung vorzubeugen, liess man den Stuck mit Cement befestigen. Der Maurer, der mit dieser Aufgabe betraut war, verdeckte dabei einen Theil der Malerei. Ich entfernte vor kurzem das *corpus delicti* und fand die Ruthe, mit welcher Moses den Felsen berührt. Die „Kaiser" haben sich also als zwei biblische Figuren, Daniel und Moses, herausgestellt; mithin reihen sich die beiden Gemälde, die bisher als eine merkwürdige Ausnahme von der Regel gegolten haben, von selbst in den symbolischen Bilderkreis der altchristlichen Kunst ein. Doch kehren wir zu unsern Fresken wieder zurück.

Nachdem wir der Brunnenscene ihre wahre Bedeutung gegeben haben, verlieren die andern „Besitzer" und „Lehrer" oder „Prediger", welche in A² abgebildet sein sollen (Fig. 4 u. 5), allen Halt. Beide sind bartlos und mit dem Philosophenmantel bekleidet. Der stehende Mann hält in der Linken eine geschlossene Rolle und hat die Rechte im Reden erhoben. Der andere sitzt auf einem würfelförmigen Felsstück; seine Linke hängt unbeschäftigt zur Seite herab, die Rechte ist zum Redegestus erhoben.

---

[1] Der Umstand, dass das Arcosol auch nicht ein einziges Graffito aufweist, rief in de Rossi die Vermuthung wach, dass dieses Grab zeitweilig die Leiber der heiligen Calocerus und Parthenius beherbergt habe: „E poiché non v' è indizio veruno, che quel sepolcro sia stato visitato e venerato nei secoli di pace, sarebbe esso forse il primitivo monumento dei santi Calocero e Partenio, rimasto poi vuoto delle loro reliquie?" Die Schlussworte des Capitels beweisen indes, dass er selbst seiner Vermuthung wenig Gewicht beigelegt hat: „Ma del nome del persecutore e molto più di quello del martire effigiati in questo arcosolio la ricerca è vana." Was de Rossi für unmöglich hielt, gelang Garrucci, der in den beiden „Kaisern" Nero und Maximin erkannte. Er schreibt (*Storia* II. tav. XVI, 2—5, p. 20): „È notevole la differenza del volto di quel primo coronato, il quale sta sull' alta predella, dal volto di questo.... E parmi degno di considerazione che il pittore abbia dato loro un volto che ritrae nel primo il carattere di Nerone, nel secondo i lineamenti di Massimino. Sembrerebbe che avesse voluto in generale significare le crudeli persecuzioni di questi due tiranni; se non forse dipinse qualche particolare avvenimento. L'uomo che sembra andare a destra in attitudine di pensieroso è il personaggio medesimo che aringa i due fedeli, il quale sen va vinto e confuso dalla fermezza e coraggio dei due eroi, confessori di Cristo." Nebenbei sei bemerkt, dass Schultze (*Katakomben* 324) in der Scene der Verurtheilung „den von Barnabas begleiteten Apostel Paulus samt dem Zauberer Elymas vor dem kyprischen Proconsul Sergius Paulus", und Msgre de Waal (in Kraus, *Real-Encyklopädie* I, 334) in Daniel und Moses, den „Kaisern", zwei „Kampfrichter" sehen.

Er hat also mit Christus in der Unterredung am Jakobsbrunnen eine grosse Aehnlichkeit, so dass wir genöthigt sind, in ihm gleichfalls Christus zu erkennen. Er ist als Richter in dem Augenblick aufgefasst, wo er das Urtheil über den Verstorbenen fällt. Letzterer war in dem ausgebrochenen Felde, Christus gegenüber, als Orans (männlichen oder weiblichen Geschlechtes) dargestellt. Der stehende Mann mit der Rolle auf der Eingangswand ist einer der Heiligen oder Advocaten, wie eine alte Inschrift sie nennt; er empfiehlt den Verstorbenen dem Richter, um einen günstigen Urtheilsspruch zu erwirken. Ihm gegenüber, auf der linken Seite der Eingangswand, war aus symmetrischen Rücksichten eine zweite Heiligenfigur gemalt: dieselbe fiel nicht etwa mit dem Stuck zu Boden, sondern wurde von den Antiquitätenkrämern des verflossenen Jahrhunderts von der Wand abgelöst und fortgetragen [1]. Der Künstler hat also die Darstellung des Gerichtes wie auf sieben ganz erhaltenen Gemälden, die ich in meiner zusammenfassenden Arbeit über die altchristliche Malerei besprechen werde, in seine Bestandtheile aufgelöst und die einzelnen Figuren zu beiden Seiten von der Thür und gegenüber auf der Hinterwand angebracht.

---

[1] Aus diesem Grunde kann hier nicht der Fossor gestanden haben, von dem nach de Rossis Aussage ein kleines Fragment in der Kammer A² gefunden wurde; dasselbe dürfte aus der Nachbarkrypta A¹, die nur einige Schritte von A² entfernt ist, stammen. — Fossoren wurden öfters auf der Eingangswand, aber immer zu zweien, als Gegenstücke dargestellt; so in A⁴ und mehrere Male in San Pietro e Marcellino. Auch in A³ sind zwei Fossoren auf der Hinterwand gemalt.

III.
Gewandung. Irrthümer der veröffentlichten Copien.

Die Richtigkeit der von mir aufgestellten Deutungen erhält eine glänzende Bestätigung aus dem Studium der Gewänder, welche von den bisherigen Erklärern der Malereien der Sacramentskapellen nicht gebührend berücksichtigt, ja von einigen nicht einmal richtig verstanden wurden. Peraté z. B. sieht in der Stola der Samariterin (Fig. 3) „une tunique et une robe courte"[1]. Schultze lässt Moses am Felsen in A[2] (Fig. 9), statt mit dem Philosophenmantel, einmal mit „kurzer Tunica" und dann mit der „leichten Exomis, die den rechten Arm unbedeckt lässt und nur bis zu den Knien reicht", bekleidet sein[2]; der taufende Geistliche in derselben Kammer (Fig. 6) wird von ihm als „ein in Toga gekleideter Mann" beschrieben[3], während derselbe in Wirklichkeit die Tunica und darüber das Pallium trägt. Aus einem ähnlichen Missverständniss entspringt der „Anstoss", den die meisten Erklärer unserer Fresken „an der halb unbekleideten Erscheinung des Mannes neben dem Dreifuss" in A[3] (Fig. 10) „nehmen" und die Entblössung durch „das Ausstrecken der Hand nach dem Tisch" motiviren. Diese Begründung ist ganz überflüssig, denn das ist die **Art und Weise, wie die Philosophen** (ἐξωμίδος τρόπον) **das Pallium auf dem blossen Leibe trugen**; mit andern Worten: der „Mann neben dem Dreifuss" ist, wie Christus und Moses in A[2] und A[3], mit dem Philosophenmantel bekleidet. Diese Tracht erfreute sich allgemein einer grossen Achtung; sie blieb trotz der wegwerfenden oft citirten Aeusserung des hl. Cyprian[4] nach wie vor im Ansehen. Noch zu Anfang des 4. Jahrhunderts hatte der hl. Porphyrius keine Bedenken, „als Philosoph gekleidet in den Martertod zu gehen"[5]. Der Philosophenmantel hatte jedoch, wie wir bald sehen werden, mit der Tracht der Geistlichkeit nichts zu schaffen.

---

[1] *L'Archéologie chrétienne* 132.   [2] Schultze, *Stud.* 24. 39.
[3] *A. a. O.* 26.   [4] *De bono patientiae* 2, 3, p. 398 (ed. Hartel).
[5] Euseb., *De mart. Pal.* XI, 19.

16   III. Gewandung. Irrthümer der veröffentlichten Copien.

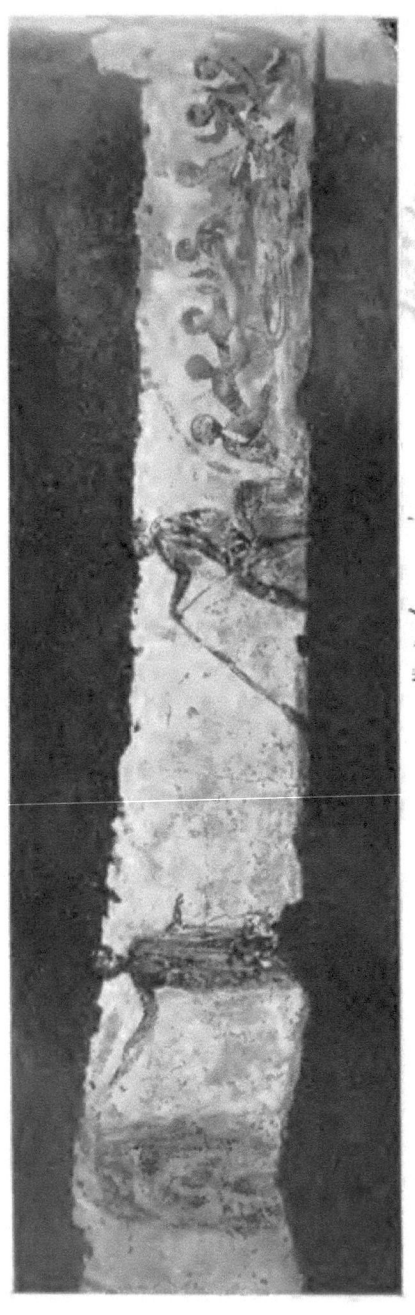

Fig. 8.

Bevor wir weiter fortfahren, müssen wir einem Einwande begegnen, den man uns in betreff der Gewandung der in den Kammern A² und A³ dargestellten Figuren machen könnte. Ueberschaut man nämlich die veröffentlichten Copien, so gewinnt es den Anschein, als seien die Maler dieser beiden gleichzeitigen Krypten in der Bekleidung ihrer Figuren willkürlich verfahren; denn in A² (Fig. 6) hat der Taufende Tunica und Pallium, in A³ (Fig. 11) nur das Lendentuch, und die sieben Mahlgenossen sind in A² (Fig. 9) unbekleidet, wogegen sie in A³, wie sonst immer [1], die Tunica haben. Hier kommen wir zu einem weitern Grunde, welcher das volle Verständniss der Gemälde unmöglich machte, ich meine die fehlerhaften Copien. Bei dem Taufbilde in A³ (Fig. 11) liess der Zeichner de Rossis die Taube, das Symbol des Heiligen Geistes, aus, welche rechts vom Taufenden, in der Höhe seines Kopfes, gemalt und heute noch sichtbar ist. Infolgedessen galt die Scene bisher unbedenklich als die Taufe eines einfachen Gläubigen. Mir bereitete bei dieser Erklärung das Perizoma des Taufenden stets eine unüberwindliche Schwierigkeit, denn ein solches Gewandstück kommt wohl dem hl. Johannes, aber nicht einem Geistlichen

---

[1] Vgl. weiter unten Fig. 13.

zu. Die Schwierigkeit war um so grösser, als der Künstler in der Nachbarkammer A^2 die gewöhnliche Taufhandlung mit einem wesentlichen Unterschied darstellte, indem er dem taufenden Geistlichen die ihm gebührende Tracht der heiligen Gestalten, d. i. Tunica und Pallium, gab (Fig. 6). Die Entdeckung der Taube hat nun mit allen Schwierigkeiten für immer aufgeräumt[1]: in A^3 ist die Taufe Christi, in A^2 die eines einfachen Gläubigen gemalt.

Fig. 10.

Die zweite ungenaue Copie betrifft das Mahl der sieben Jünger am See Tiberias in A^2 (Fig. 9). Der Copist de Rossis, durch einige Flecke verleitet, zeichnete vor das Sigma den obern Rand von sieben Körben ab, die auf dem Original nicht existiren. Dieses Versehen brachte eine nicht geringe Verwirrung in die Auslegung der symbolisch-eucharistischen Darstellungen; die Speisung der Menge wurde mit dem Mahl am See Tiberias, beides Vorbilder der Communion, verschmolzen und für eine „compenetrazione del pesce e del pane apprestati da Cristo

---

[1] Meine Copie wurde zuerst von Msgre de Waal (Römische Quartalschr. 1896, 345) veröffentlicht.

Wilpert, Die Malereien der Sacramentskapellen. 2

Fig. 11.

ai sette discepoli sul mare di Tiberiade e dei pesci e dei pani due volte moltiplicati" [1] gehalten. Dazu kam noch, dass man das Hauptgewicht auf das Symbol des ΙΧΘΥΣ, nicht auf die beiden biblischen Vorbilder legte: „nei due primi cubicoli A [2], A [3] l'arcano simbolismo e l'uso dei segni che chiamerò meramente geroglifici, sono al loro apogeo; quivi le scene storiche bibliche sono misteriosamente compenetrate con le parabole o con i riti sacramentali; quivi sulla mensa eucaristica appare il pesce isolato per

---

[1] De Rossi, *Roma Sott.* II, 341. Aehnlich auch Schultze (*Stud.* 54); nach ihm ist das Mahl „das Abschiedsmahl des Herrn am galiläischen Meere", und „die dem Mahle beigefügten Körbe sind dem Wunder der Brodvermehrung entnommen" u. s. w.

segno arcano di Cristo, senza verun accessorio, che a quel pesce dia apparenza di ricordo storico"¹. Anders lehren die Monumente. Aus ihnen erhellt, dass der Urheber der Malereien die zwei biblischen Vorbilder in den Vordergrund gerückt, ja nur diese zur Vorstellung gebracht hat. Dass ihm die Symbolik des $IX\Theta YS$ bekannt war, müssen wir in Anbetracht der Zeit, in der er lebte, als etwas Selbstverständliches voraussetzen: aus den Fresken allein folgt es, streng genommen, nicht. Die Künstler endlich haben die beiden Vorbilder gleichfalls wohl auseinander gehalten und dafür gesorgt, dass insbesondere eine Verwechslung der zwei Mahlscenen nicht möglich war: bei dem Mahle am See Tiberias fehlen die Brodkörbe und sind die Speisenden als Fischer, d. h. ohne Obergewand, abgebildet; das Mahl der durch sieben Männer repräsentirten Menge ist dagegen immer von den Brodkörben begleitet, und die Speisenden sind stets (mit der Tunica) bekleidet. Es darf also in der Zukunft von einer „Verschmelzung" derselben nicht weiter mehr die Rede sein; und um sie voneinander zu unterscheiden, wollen wir die Speisung der Menge kurz das Mahl der Sieben, die am See Tiberias das Mahl der sieben Jünger nennen.

Mit der Klar- und Richtigstellung dieser Gemälde ist zugleich bewiesen, dass die Maler der Kapellen A² und A³ für die Gewandung eine von dem gewöhnlichen Brauch zwar etwas abweichende, aber bestimmte Norm befolgten. Der Philosophenmantel wurde von ihnen als ausschliessliche Tracht der heiligen Gestalten gewählt: es tragen ihn ein Heiliger, Moses am Felsen und Christus in Scenen, die über allen Zweifel erhaben sind, wie in der Unterredung mit der Samariterin am Jakobsbrunnen und in der Auferweckung des Lazarus. Der Geistliche und der einfache Gläubige haben dieselbe Gewandung, wie die Maler sie ihnen sonst geben: jener Tunica und Pallium², dieser die blosse Tunica, Johannes der Täufer und die Fischer sind mit dem Perizoma bekleidet³.

Dieses positive Resultat gibt uns den Schlüssel zu der Erklärung des viel umstrittenen Bildes, das in A³, links von dem Mahle der Sieben,

¹ De Rossi, *Roma Sott.* II, 313. Vgl. auch Kraus, *Geschichte der christl. Kunst* 92 f.; desselben *Roma Sott.* [2. Aufl.] 316 f. Ebenso Schultze (*Stud.* 53): „Unverrückbar dagegen behauptet der $IX\Theta YC$ seine principale Bedeutung; er ist und bleibt das Centrum, in welchem die Nebenmomente sich sammeln. Die Auffassung des Ganzen erscheint daher an die Symbolik des $IX\Theta YC$ geknüpft."

² In dieser Gewandung erscheint der Geistliche noch auf zwei andern Taufbildern, von denen das eine falsch, das andere noch gar nicht veröffentlicht ist.

³ Auf den drei übrigen Darstellungen der Taufe Christi, von denen das jüngste aus der zweiten Hälfte des 4. Jahrhunderts stammt, trägt Johannes die *Exomis*.

gemalt ist (Fig. 10). Ein in den Philosophenmantel gehüllter Mann steht
neben einem dreifüssigen Tisch, auf welchem ein Laib Brod und ein Fisch
nebeneinander aufliegen [1]. Rechts von dem Tische ist eine verhüllte Orans
gemalt. Die allgemeinere Auslegung des Gemäldes, der auch ich früher gefolgt bin [2], sieht in dem Manne den Priester, wie er die feierliche Handlung
der Consecration vollzieht, und in der Orans die Personification
der Kirche. Schultze nimmt dagegen an dem Gewande des „Priesters"
Aergerniss: „Die Art des Umwurfes . . . lässt sich sonst", meint er,
„mit keinem Beispiele belegen und hat schwerlich in Wirklichkeit existirt
und ist bei einem Christen um so weniger vorauszusetzen, da eine solche
Entblössung des Körpers die Grenze des Anstandes überschreitet." Daher
sei „nicht anzunehmen, dass der Künstler einen Mann, der, nach de Rossi,
den consecrirenden Priester darstellt und im Vollzuge des geheimnissvollen und feierlichsten Sacramentes begriffen ist, in solcher leichtfertiger,
unziemlicher Gewandung vorgeführt habe!" [3] Um diesen Einwand zu entkräften, wies man auf die Thatsache hin, dass „diese strenge Einfachheit
in der Kleidung . . . während einer gewissen Epoche — und zwar gerade um die Zeit, in welcher unsere Fresken entstanden — von der christlichen Geistlichkeit adoptirt wurde". Zum Beweise dafür citirt Kraus [4],
und nach ihm Peters [5], einige Namen von solchen, die „das Wort Gottes
im Kleide der Philosophen gepredigt" haben, wie „Justin der Martyrer,
Aristides von Athen, Tertullian, der alexandrinische Priester Herakles,
Gregor der Wunderthäter u. a.", und versichert, dass „Tertullian in seinem
Buche *De pallio* unumwunden diese Kleidung als für christliche Priester

---

[1] Hiernach sind Kraus (*Geschichte der christl. Kunst* 162) und Schultze (*Stud.* 86)
zu berichtigen. Dieser schreibt: „Der Tisch . . . ist mit Speisestücken, darunter Brod
und Fisch, bedeckt. Letzterer und ein darunter liegendes Brod werden von der männlichen Person ergriffen." Kraus sieht auf dem Dreifuss „Brod und Wein", wie auch
daneben die Sieben „an einem mit Brod und Wein besetzten Tische sitzen" sollen.

[2] *Principienfragen der christl. Archäologie* 60. 95.

[3] Schultze *Stud.* 86. 88 f. Er weist das Fresco der Bildergruppe zu, welche „das
häusliche Familienmahl zu dem himmlischen Festmahle, die irdische Freude zu der
seligen, paradiesischen idealisirte". Er fasst also das Bild, allen Gesetzen der alten
Kunst (christlichen wie heidnischen) zuwider, als eine Mahlscene auf: „Zwei Verstorbene, Gatte und Gattin, . . . schicken sich an, das häusliche Mahl zu begehen, indem
sie dasselbe nach christlicher Sitte mit Gebet eröffnen. Der Künstler hat das Weib
betend, den Mann die Speisen ergreifend gebildet, in der Absicht, den mit Danksagung
verbundenen Genuss der Gaben darzustellen" (*a. a. O.* 91). Schultze folgten einige
deutsche Gelehrte, deren Namen anzuführen nicht der Mühe lohnt.

[4] Kraus, *Roma Sott.* 314.

[5] Art. „Eucharistie" in Kraus, *Realencyklopädie* I, 442.

einzig passend vertheidigt" hat. Diese Versicherung ist jedoch nicht richtig; denn Tertullian spricht in dem Tractat De pallio nirgends von christlichen Priestern, und jene Namen von vereinzelten Palliumträgern beweisen eben dadurch, dass sie der Curiosität halber überliefert wurden, eher das Gegentheil, dass nämlich der Philosophenmantel nicht die gewöhnliche Tracht der Geistlichkeit war. Thatsächlich ist der Priester in der Taufscene der Kammer A² mit der Tunica und dem Pallium bekleidet. Der „Mann neben dem Dreifuss" auf dem zu erklärenden Bilde kann also nicht ein Priester sein, da er den Philosophenmantel trägt. Es kann aber auch nach dem von uns gewonnenen Resultate keinen Augenblick zweifelhaft sein, dass hier Christus, wie er das Wunder der Vermehrung an einem Fisch und einem Laib Brod wirkt, gemalt ist. Wie das Mahl der Sieben, welches das Nachbarfeld einnimmt, das eucharistische Mahl, die Communion, versinnbildet, so ist in diesem Bilde die Consecration symbolisch dargestellt. Deshalb liegen der Fisch und das Brod auf einem Tische, dem Altare, auf.

Die Orans, die rechts von dem Altare steht, bedeutet die in der Seligkeit gedachte Seele der Verstorbenen. Der Künstler hat durch diese Figur auf die Wirkung des Genusses der Eucharistie hingewiesen, wie auch die alten Schriftsteller nicht von ihr reden, ohne sogleich in irgend einer Weise die Wirkung der Communion zu betonen[1]. Von einer ähnlichen Zusammenstellung der Figur der Verstorbenen mit dem Vermehrungswunder bietet ein zweites Beispiel die gleiche Katakombe des hl. Callistus. Auf diesem bisher missverstandenen Fresco wirkt Christus das Wunder in der seit dem 3. Jahrhundert üblichen Weise, indem er mit dem Stabe einen der Körbe, die zu beiden Seiten von ihm aufgestellt sind, berührt. Von links nähert sich ihm die verhüllte Verstorbene und hält, um Erbarmen flehend, ihre Hände vor sich hin[2].

[1] Vgl. Wilpert, Fractio panis 82. Dobbert (Das Abendmahl Christi in der bildenden Kunst im Repertorium für Kunstwissenschaft 1890, S. 371 ff.) hält unser Bild für „eine Uebergangsstufe von jener Andeutung des Speisungswunders" (er meint den Altartisch mit den sieben Körben in A²) „zu der spätern schon mehr historisirenden Darstellung des Gegenstandes an den Sarkophagen" und sieht in der Orans „eine Personification des Dankes gegen Gott"; Christus ist richtig gedeutet, unrichtig sein Gestus (S. 370). Nach Engelhardt (Christl. Kunstblatt 1873, S. 37, citirt von Dobbert) wäre hier „Jesus, der die Fische dem Simon bei jenem Fischfange segnete", abgebildet.

[2] De Rossi, Roma Sott. III, tav. VIII, 2, p. 65. Ich werde an einem andern Orte auf dieses Fresco zurückkommen.

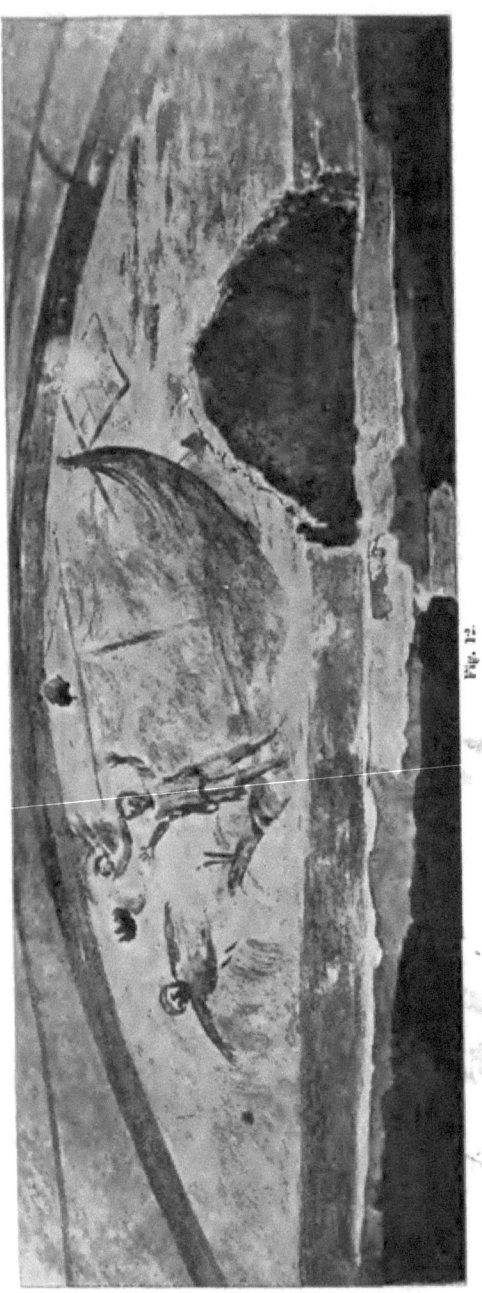

Fig. 12.

Es bleibt uns noch die Copie einer Malerei der Kammer A [2] zu besprechen übrig, die gleichfalls ungenau ist und einer Berichtigung bedarf (Fig. 12). Sie stellt ein **Schiff im Sturme** dar. Das Schiff, mit zwei Männern an Bord, ist, so scheint es nach den gedruckten Copien [1], mit dem Hintertheil auf eine Klippe aufgefahren; das Vordertheil hat sich stark gesenkt und steht fast ganz unter Wasser. Die beiden Insassen haben die Hände zum Gebet erhoben. Ueber dem im Vordergrunde schwebt die Büste eines Jünglings, der aus einem ovalen Strahlennimbus herausragt und die Rechte auf den Kopf des Betenden gelegt hat. Ausserhalb des Schiffes sieht man den Oberkörper eines unbekleideten Mannes, der mit den Wellen ringt.

Die geläufige Auslegung des Bildes als einer symbolischen Darstellung der Kirche ist bekannt. De Rossi hält es sozusagen für eine Illustration der folgenden „Worte Hippolyts, eines Zeitgenossen der Malerei": „Wir, die wir auf den Sohn Gottes

---

[1] De Rossi, *Roma Sott.* II, tav. XV, 1; Garrucci, *Storia* II, tav. 5, 4.

hoffen, werden von den Ungläubigen verfolgt.... Die Welt ist ein Meer, in welchem die Kirche gleich einem Schiffe im Ocean von den Wogen hin- und hergeworfen, aber nimmer verschlungen wird."[1] Die gefahrvolle verzweifelte Lage des Schiffes, wie sie sich aus jenen Copien ergibt, brachte Schultze auf den Gedanken, in der Scene „den Schiffbruch des Paulus vor Malta" (*Apg.* 27, 41 ff.) zu erblicken: „denn ein Schiff, das von den Wellen überfluthet und von seiner Mannschaft als rettungslos aufgegeben wird, kann unmöglich die Kirche symbolisiren". Nach ihm wäre Paulus der im Vordergrund stehende Orans; „ruhig, furchtlos, mit vertrauensvollem Gebete" ist er, meint Schultze, „an den Rand des Fahrzeuges getreten, um dem tosenden Elemente, das dieses zerschmettert, sich anzuvertrauen". „Die in den Wolken sichtbar werdende Jünglingsgestalt ... wird durch den Text der Apostelgeschichte klar bestimmt. Denn nach demselben sprach Paulus zu der Schiffsmannschaft: παρέστη γάρ μοι ταύτῃ τῇ νυκτὶ τοῦ θεοῦ... ἄγγελος λέγων· μὴ φοβοῦ Παῦλε."[2] Diese Erklärung steht mit den einfachsten Gesetzen der altchristlichen Kunst im Widerspruch. Zunächst kann ein mit der blossen Tunica bekleideter Mann nur einen einfachen Gläubigen, nicht einen Apostel vorstellen[3]. Sodann wurden Engel stets als ganze Figuren, und zwar von Erwachsenen abgebildet, während hier nur der Kopf und der rechte Arm gemalt sind, ganz abgesehen davon, dass die Rechte des vermeintlichen Engels nicht den Redegestus macht, sondern den Kopf des Betenden berührt. Diese abgekürzte Gestalt lässt sich nicht anders denn als eine Darstellung Gottes auffassen. Um sie zu erklären, braucht man nicht in der antiken Kunst nach Vorbildern zu suchen. Es liegen ihr die biblischen Ausdrücke „manus Domini", „brachium Dei" zu Grunde. Während die Katakomben-Künstler des 4. Jahrhunderts sich buchstäblich an die beiden Ausdrücke hielten und Gott als eine aus Wolken ragende Hand, einmal als einen Arm[4] malten, war der Künstler unseres Gemäldes noch zu klassisch gebildet, als dass er sich mit einer so stark reducirten Darstellungsform begnügt hätte. Daher fügte er an den Arm noch den Kopf an und hüllte das Ganze in einen Strahlennimbus ein.

---

[1] *A. a. O.* II, 347.
[2] Schultze, *Stud.* 62; desselben *Katakomben* 318 und *Archäologie der altchristlichen Kunst* 168.
[3] Hätte unser Maler den Orans als einen Apostel schildern wollen, so hätte er ihm den Philosophenmantel gegeben.
[4] Auf de Rossis Copie (*a. a. O.* III, tav. VIII, 1) ist der Arm, ohne erhebliche Veränderung, in das Dach eines Gebäudes (Tempel) verwandelt.

Ist denn aber auf dem Originalgemälde die Situation des Schiffes wirklich eine so verzweifelte? Nein. Das Hintertheil desselben ist nur sehr gehoben, nicht „auf einen Felsen aufgefahren"; der Künstler hat ihm diese Stellung nicht bloss deshalb gegeben, um den Sturm anzudeuten, sondern um auf dem Vordertheile den für die Gruppe der beiden Figuren nothwendigen Raum zu gewinnen. Ueber das tiefere Vordertheil gehen zwar die Wogen hinweg, aber das Schiff selbst ist intact: der Mast, mit Querbaum und gerafftem Segel, steht aufrecht; das Steuerruder ist ganz und an seinem Platz; ja selbst die Fahne flattert noch unversehrt über dem Steuer. Der Hauptfehler des Copisten de Rossis liegt jedoch darin, dass er in dem Schiffe einen Orans, den Steuermann, neben der Fahne abgezeichnet hat, der **auf dem Original nicht existirt**. Dadurch verlor das Bild sehr viel von seiner Praecision [1]. Das Schiff hat also in Wirklichkeit nur **einen** Insassen, nämlich den im Vordergrunde stehenden Mann, der seine Hände zum Gebete erhoben und ausgebreitet hat: dieser wird von der Hand Gottes beschützt. Ausserhalb des Schiffes sieht man einen Mann, der mit den Wellen ringt: er wird dem erregten Elemente zum Opfer fallen, da er jeglicher Hilfe bar ist. Mit andern Worten: wer an Bord ist, geniesst den Schutz Gottes, hat keinen Schiffbruch zu befürchten; wer sich ausserhalb des Schiffes befindet, geht in den Wellen zu Grunde. Hiermit ist die Bedeutung des Bildes von selbst nahegelegt. Nichts hindert uns, das Schiff als **Symbol der Kirche** zu nehmen und den Orans als das des **verstorbenen Gläubigen**, dem, als einem Gliede der Kirche, in den Stürmen des irdischen Lebens Gott beisteht, oder was wahrscheinlicher dünkt, das Symbol des Gläubigen, der am Ende seiner Lebensfahrt angelangt, von Gott aus dem Schifflein der Kirche in die ewige Seligkeit aufgenommen wird. Der Mann, der neben dem Schiffe hilflos von den Wellen hin- und hergeworfen wird [2], versinnbildet, wie schon andere richtig erkannt haben, das Los der Irr- und Ungläubigen, welche ausserhalb der Kirche stehen.

---

[1] Da auf der Copie beide Männer im Schiffe betend dargestellt sind, so war es unerklärlich, warum nur der eine von Gott beschützt wird.

[2] Der Ertrinkende schliesst die Möglichkeit aus, in dem Gemälde mit Garrucci (*Storia* II, 11) nur „die Errettung aus den Stürmen des Lebens" zu sehen, da er in einer solchen Erklärung keinen Platz findet. Garruccis Ansicht wiederholte neuestens de Waal (*Röm. Quartalschr.* 1896, S. 339).

IV.
Innerer Zusammenhang der Gemälde.

Nachdem wir die sinnstörenden Fehler der Copien beseitigt haben, ist jede Spur von einer „Verschwommenheit und Unklarheit der Typen" gewichen; wir sehen, dass die Cyklen der beiden Kammern von ihrem Urheber ebenso klar durchdacht, wie sie von den Künstlern klar zur Vorstellung gebracht sind. Auf den Inhalt dieser Cyklen näher einzugehen, ist hier nicht der Ort. Wir brauchen übrigens wohl kaum zu versichern, dass der gründliche Commentar, den der Meister zu denselben geschrieben hat, seinen Werth, die von uns angebrachten Verbesserungen abgerechnet, weiter beibehält. De Rossis Nachweis, dass zwischen den einzelnen Darstellungen der beiden Cyklen ein innerer geistiger Zusammenhang besteht, wird immer wahr bleiben; und mit immer neuem Interesse wird man den Ausführungen folgen, in denen er durch Vergleichung der Fresken mit den Inschriften des Abercius [1] und Pectorius zeigt, dass die Symbolik schon um die Wende des 2. und 3. Jahrhunderts in der ganzen Kirche die nämliche war.

Wenn wir auf eine eingehendere Besprechung der Gemälde verzichten müssen, so können wir andererseits nicht umhin, sie in ihrem Zusammenhange und ihrer räumlichen Vertheilung wenigstens kurz anzuführen [2].

---

[1] Auch der Angriff, den neuestens Albrecht Dieterich mit seiner Broschüre *Die Grabschrift des Aberkius* gegen den christlichen Charakter der von dem „Nachfolger des Propheten an den Statthalter Christi" (*a. a. O.* 2) geschenkten Inschrift gerichtet hat, ist erfolglos geblieben. Mag die in dem Schriftchen zur Schau getragene Gelehrsamkeit noch so gross sein, in der für ihn entscheidenden Frage nach dem Alter der Inschrift, von deren Beantwortung das Schicksal seiner ganzen These abhängt, ist Dieterich mit einer ungewöhnlichen Oberflächlichkeit vorgegangen. Zu jener Gelehrsamkeit passen auch wenig Erklärungen wie z. B. diejenige von $\sigma\varphi\rho\alpha\gamma\iota\varsigma$ und von der „Jungfrau ΝΗCTIC", die geradezu naiv sind. Eine nähere Beleuchtung des Schriftchens Dieterichs wird demnächst die Innsbrucker *Zeitschrift für kathol. Theologie* bringen.

[2] Die rein decorativen Darstellungen, welche zwischen den symbolischen eingestreut sind, lassen wir bei dieser Aufzählung selbstredend unberücksichtigt. Eine Aus-

IV. Innerer Zusammenhang der Gemälde.

In A³ ist die Taufe durch vier Gemälde vertreten: durch das Quellwunder, den Fischer, die Taufe Christi und den Gichtbrüchigen; drei weitere beziehen sich auf die Eucharistie: die Vermehrung der Brode und Fische, das Mahl der Sieben und das Opfer Abrahams; die (jetzt zerstörte) Auferweckung des Lazarus und die drei Jonasscenen versinnbilden die Auferstehung; und der gute Hirt trägt den Verstorbenen zu den Auserwählten, wo er ihm von der Quelle der Unsterblichkeit (Brunnen der Samariterin) zu trinken gibt. Die Vertheilung der Scenen ist dem Raume so geschickt angepasst, dass die örtliche Aufeinanderfolge sich mit der logischen fast vollständig deckt. Die Reihe eröffnet, links von der Thür, das Quellwunder; es folgen, auf dem untern Felde der linken Wand, die drei andern Taufbilder, auf der Wand gegenüber dem Eingange diejenigen der Eucharistie und auf der rechten Wand die Auferweckung des Lazarus, welche die Wirkung der Communion andeutet. An diese schliessen sich, im gleichen Sinne, in den drei obern Feldern die drei Scenen des Jonas, an der Decke der gute Hirt und rechts vom Eingange die Unterredung Christi. Das Quellwunder und der Brunnen der Samariterin, welche den Anfang und das Ende der Gemäldereihe bilden, sind als Gegenstücke einander gegenübergestellt.

In A² ist der Cyklus mannigfaltiger. Er führt zunächst alle Dogmen von A³, aber in einer geringern Anzahl von Bildern, vor: die Taufe durch

---

nahme machen wir nur einmal bei A⁴, wo ein Ornamentstück erwähnt wird, weil es bisher ganz unbeachtet geblieben ist.

IV. Innerer Zusammenhang der Gemälde.

das Quellwunder, den Fischer und die Taufhandlung; die Eucharistie durch das Mahl der sieben Jünger und den von sieben Brodkörben umgebenen Altartisch; die Auferstehung und die Seligkeit durch Lazarus, Jonas und den guten Hirten. Des weitern finden sich das Gericht über den durch zwei Heilige empfohlenen Verstorbenen und das Schiff der Kirche im Sturm, als Illustration des Satzes, dass nur in der Kirche das Heil zu erwarten sei.

In dieser Kapelle stand dem Künstler weniger Raum als in A^3 zur Verfügung; deshalb machte er von der Decke einen ausgiebigern Gebrauch und malte dort, ausser dem guten Hirten im Centrum, drei Jonasscenen[1] und ein eucharistisches Bild in vier kleinen Lunetten. Die Reihenfolge der Gemälde an den Wänden unterbrach er durch die Taufhandlung, die zwischen die Eucharistie und Lazarus zu stehen kam. Dieses that er deswegen, weil er die symbolischen Darstellungen des Quellwunders, des Fischers und des Mahles aneinander rücken wollte, um ihren innern Zusammenhang desto deutlicher zeigen zu können: der „pisciculus" wird so von dem Fischer in dem Wasser des Quellwunders gefangen, und unmittelbar daneben halten die sieben Jünger an dem Ufer, nach beendetem Fischfang, das Mahl.

Schultze befolgt gegenüber den Gemälden von A^2 und A^3 eine ganz sonderbare Taktik. Die erstern, welche um „mindestens zwei Decennien"[2]

---

[1] Die Scene der Auswerfung des Jonas wurde durch einen spätern Loculus zerstört.
[2] Schultze, Stud. 98.

älter sein sollen, werden über alle Massen gepriesen. Er lobt an ihnen den „guten Stil", die „leichten Umrisslinien", die „geschickte Behandlung des Nackten", den „milden Ton des Colorits", die „energisch heraustretende Individualität der einzelnen Figuren"; kurz für alles findet er ein Wort der Anerkennung [1]. Die Fresken von A^3 kommen dagegen sehr schlecht weg; sie sollen ungeschickte Copien von den erstern sein. „Eine andere Hand", schreibt Schultze, „war mit der Decoration von A^3 betraut. Dieser Künstler, dem die Gabe, neues zu schaffen, nur ärmlich zugetheilt war, stand den Malereien in A^2 reflectirend gegenüber. Ihre Vollendung und sein eigenes Unvermögen drängte sie ihm als Vorbilder auf, aber er meistert an ihnen, sei es, um seine eigene Unfreiheit und Ungeschicktheit zu verhüllen, sei es — was indes ferner liegt —, weil seine Inferiorität ihn irre leitete" [2]. Derselbe „copirte" also mit mehr oder minder grossen „Veränderungen" und „Umbildungen", die Schultze (S. 36 f.) an einigen Scenen zeigt. Man höre nur: „Der Fischer wird von der rechten Seite auf die linke gerückt, erhält eine steife Arm- und Beinstellung und erhebt jetzt den gefangenen Fisch ganz über die Oberfläche des Wassers, Veränderungen, durch welche das Vorbild rein carikirt wird." Gleichwerthige „Veränderungen" werden auch an den Bildern der Taufe, des Mahles und des Schiffes entdeckt. Nachdem Schultze durch „diese Thatsachen klar gesetzt" hat, „dass die Malereien in A^3 durch diejenigen in A^2 inspirirt und in ihrer Gesamtauffassung bestimmt worden" seien, fasst er ihre Unvollkommenheiten in den folgenden Worten zusammen: „Die freie Bewegung ist eingeschränkt . . ., die Zeichnung gebunden und zuweilen fehlerhaft, die Schattirung hart, der Ausdruck monoton und unfreundlich. Die Reminiscenzen an A^2 klingen wohl noch durch, aber sie sind von der eigenwilligen Hand doch zu sehr zurückgestellt und verdeckt, um den Eindruck des Ganzen umzugestalten; so wie sie sind, wirken sie etwa wie edle Sculpturfragmente, die in gemeines Mauerwerk verbaut sind."

Allen diesen Ausführungen liegt nichts Ernstes zu Grunde; sie sind, im Lichte der Originalmalereien betrachtet, ein Gespinnst von willkürlichen Behauptungen, die einen bestimmten Zweck verfolgen. Schultze hat sich (S. 58) zu beweisen vorgenommen, dass die Malereien in A^3 „sich nicht als Glieder eines einheitlichen Ganzen aneinanderfügen, sondern mit geringen Ausnahmen für sich selbst existirende Theile darstellen, so dass kein Grund vorliegt, ihre Anordnung als über die Leistungsfähigkeit

---

[1] Schultze a. a. O. 35. Man vergleiche dazu Fig. 4. 5. 6. 9. 12.
[2] Schultze a. a. O.36. Für das Folgende vergleiche man Fig. 3. 10. 11.

IV. Innerer Zusammenhang der Gemälde.

des Künstlers hinausgehend auf einen „dottore" zurückzuführen". Da die Malereien, wie wir gesehen haben, gerade **das** Gegentheil lehren, **so musste sie** Schultze, um seinen Zweck zu erreichen, in ihrem Werth herabsetzen **und sie als** Machwerk eines beschränkten Copisten hinstellen; denn an solchen Schöpfungen lässt sich dann nach Belieben „meistern". Wir dürfen **uns** daher „der Aufgabe, auf dieses Verfahren näher einzugehen, wohl entziehen" [1].

---

[1] Fast **zwei** Jahrzehnte sind verflossen, **seitdem Schultze seine** *Archäologischen Studien* veröffentlicht hat; ohne Zweifel wird auch er jetzt **manches von dem,** was in diesen *Studien* niedergelegt ist, **nicht** mehr ernsthaft nehmen. **Jedenfalls wäre es für ihn an der Zeit,** dieselben einer gründlichen Revision zu unterziehen, **um harmlose Anfänger der** christlichen Archäologie, welche die Malereien der Katakomben **nur aus Büchern** kennen und sich die Resultate jener *Studien* vertrauensvoll zu **eigen machen**, vor unnöthigen Irrthümern und Enttäuschungen **zu** bewahren. **In meinen** *Principienfragen* habe ich auf solche Irrthümer aufmerksam **zu machen Gelegenheit gehabt.** Neuen Stoff würde Pfr. **Dr.** Edgar Hennecke, Licentiat der Theologie **aus Betheln (Hannover)** bieten, der unter dem **Titel:** *Altchristliche Malerei und altkirchliche Litteratur* „**eine**" fast 300 Seiten lange „Untersuchung über **den biblischen Cyklus der Gemälde** in den römischen Katakomben" schreiben konnte, **ohne** auch **nur ein einziges Katakombenbild** gesehen zu haben.

V.
Stilistische Bemerkungen. Zeitbestimmung.

Die Gemälde der Kammern A² und A³ stammen aus der gleichen Zeit und aus der gleichen Schule. Alle, besonders einige von A², sind mit einer Flüchtigkeit hingeworfen, die in den Katakomben kaum ihresgleichen hat; es scheint, als ob es den Malern vor allem darum zu thun gewesen wäre, so schnell wie möglich ihrer Aufgabe ledig zu sein. Diese Hast bekundet zunächst die **Vorarbeit in dem frischen Stuck**, die sich auf die Ziehung der Eintheilungslinien, welche die einzelnen Felder abgrenzen, beschränkt. Deutlicher noch tritt sie bei den **Figuren selbst** zu Tage, deren Umrisse sofort mit dem Pinsel vorgezeichnet wurden. Die Extremitäten derselben sind immer bloss angedeutet, nie, auch nur annähernd, ausgeführt; daher finden sich unförmliche Füsse und Hände mit zwei, drei und vier Fingern. Einen der momentanen Stimmung entsprechenden Gesichtsausdruck in den Figuren zu schaffen, lag vollständig fern: die Augen, Nase und der Mund werden nothdürftig durch ein paar Punkte und Striche sowie durch aufgesetzte Lichter hergestellt. An der einmal gegebenen Form wird auch da nichts geändert, wo das Gesicht — und das ist gewöhnlich der Fall — einen unschönen, geistlosen Ausdruck erhalten hat. Die starken Lichter und Schatten stehen schroff nebeneinander; nirgends zeigen sich Spuren von einer Incinandervertreibung der Farben. Trotz dieser Vernachlässigung der Details merkt man es dem ganzen Complex an, dass er von Malern herrührt, die eine ungewöhnliche Fertigkeit in der Handhabung der Technik besassen und mit der antiken Kunst noch Fühlung hatten; auch bei der grössten Beschränkung in den Mitteln wussten sie wahre, lebensvolle Compositionen zu schaffen. Die Farben endlich und der zweischichtige Stuck sind von guter Qualität.

In welcher Zeit wurden diese Malereien wohl ausgeführt? Nach den topographischen Untersuchungen, die wir des Meisters Bruder, Michele Stefano de Rossi, verdanken, wurden innerhalb der ersten Area zuerst die Kammern L¹, L², A¹, A² und A³, alle auf dem gleichen Niveau, angelegt¹; später kamen die Kammern A⁶, A⁵ und A⁴, auf verändertem Niveau, hinzu². Michele Stefano setzt die erste Anlage in die Zeit der hl. Cäcilia um 170—180; er schliesst die beiden Kammern A² und A³ von dieser Zeit nicht aus. Giovanni Battista de Rossi nimmt dagegen an, dass dieselben „aus der Zeit des Zephyrin und Callistus, d. h. aus dem Ende des 2. und Anfang des 3. Jahrhunderts stammen". Für diese Datirung werden „historische und artistische Gründe" vorgebracht, welche mir nicht stichhaltig zu sein scheinen³. Der „historische" Grund ist jene Nachricht der *Philosophumena* (IX, 11), der zufolge Zephyrin „den Callistus über das Coemeterium gesetzt hat". Nichts berechtigt uns jedoch, diese Nachricht so aufzufassen, als habe Callistus seine Aufsicht über das Coemeterium auch dadurch ausgeübt, dass er Kammern ausmalen liess. Der Wortlaut der Stelle fordert eine solche Auslegung sicher nicht; ebensowenig fordern sie die Malereien der Sacramentskapellen, denn ein ganz ähnlicher Cyklus wurde für die „cappella greca" mehr als ein halbes Jahrhundert vor Callistus entworfen. Wir müssen uns also ein für allemal entschliessen, die Nachricht der *Philosophumena*, die bisher wie ein Alpdruck auf den Sacramentskapellen gelastet hat, mit diesen in keinerlei enge Verbindung zu bringen. — Die „artistischen" Gründe reduciren sich auf zwei: auf die Decoration von L² und die gemauerte Brustwehr des Hauptgrabes in L¹; von dieser sei in A² und A³ keine Spur zu finden, und jene biete einen von derjenigen der zwei Sacramentskapellen durchaus verschiedenen Charakter. Beides ist richtig; aber es folgt daraus gar nicht, dass diese Sacramentskapellen jünger sind als die Papstgruft L¹ und die ihr gegenüberliegende Kammer L², denn der Orpheus, der in L² die Stelle des guten Hirten einnimmt, kommt noch auf Bildern des 3. und 4. Jahrhunderts vor⁴; und dass A² und A³ kein so schönes Mauerwerk wie L¹ aufweisen, erklärt sich einfach deshalb, weil dort alles in dem lebendigen Gestein ausgehauen ist, also Mauerwerk gar nicht angebracht wurde. Wir sehen demnach keinen Grund ein, die Malereien der beiden Sacramentskapellen in die Zeit des Callistus herabzusetzen. Ein positives Criterium, das uns die Gewandung der in diesen Kammern dargestellten Figuren an die Hand gibt, nöthigt uns im Gegentheil, der

---

[1] Vgl. Fig. 1. [2] Vgl. Fig. 2.
[3] De Rossi, *Roma Sott.* II, 246 sg.
[4] Das Gleiche gilt von den Seeungeheuern; sie finden sich isolirt einmal in S. Domitilla und einmal in Praetextat. Beide Fresken sind noch unedirt; jenes stammt aus dem 3., dieses aus dem 4. Jahrhundert.

von Michele Stefano durch die architektonische Analyse gewonnenen Datirung beizutreten und als Entstehungszeit jener Malereien die letzten Decennien des 2. Jahrhunderts (um 180) anzunehmen. Nirgends finden wir in ihnen die seit dem 3. Jahrhundert stereotyp wiederkehrenden Gewänder, wie die Dalmatik und die Tunica mit langen Aermeln, sondern immer nur die Tunica in ihrer ursprünglichen alten Form, d. h. ohne Aermel oder mit kurzen Aermelansätzen. Für die Fresken der drei übrigen Kammern (A^6, A^5, A^4) stimmen wir dagegen mit der von de Rossi bestimmten und allgemein angenommenen Datirung — erste Hälfte des 3. Jahrhunderts — vollkommen überein, denn dort tritt schon die Aermeltunica auf, und Christus und Moses haben die ihnen zukommenden Gewänder heiliger Gestalten (Tunica und Pallium) und nicht, wie in A^2 und A^3, den Philosophenmantel.

VI.

Malereien von A⁶ und A⁵. A⁵ ist vielleicht keine Sacramentskapelle.

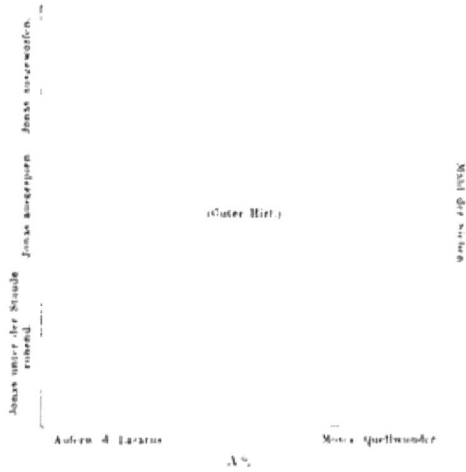

Ueber die Decoration der drei spätern Kammern können wir uns kurz fassen. Die Fresken von A⁶ zeigen ganz den Einfluss von A² und A³. Der Cyklus wurde jedoch sehr vereinfacht. Taufe und Eucharistie sind nur durch je ein Bild vertreten: jene durch das Quellwunder Moses', diese durch das Mahl der Sieben. Für die Dogmen der Auferstehung und Seligkeit wählte man Lazarus, Jonas und den guten Hirten[1]. Die räumliche Reihenfolge der Gemälde entspricht der logischen.

In A⁵ ist sehr vieles zerstört; das Erhaltene — Mahl der Sieben (Fig. 13) und ruhender Jonas — legt nahe, dass die Darstellungen dieselben wie in A⁶ waren. Die gedruckten Copien des Mahles sind nicht ganz getreu, indem sie vor den Speisenden drei Fische, wenigstens

---

[1] Der gute Hirt, der, wie in den übrigen Kammern, das Centrum der Decke einnahm, fiel mit dem Stuck zu Boden. Nach den erhaltenen Fragmenten zu schliessen, glich die Deckenmalerei derjenigen von A².

34   VI. Malereien von A⁶ und A⁵. A⁴ ist vielleicht keine Sacramentskapelle.

fünf Brode und acht Körbe, deren letzter durch den nebenstehenden fast ganz verdeckt ist, zeigen. Auf dem Original sind nur zwei Fische, drei Brode und sieben Körbe gemalt.

In A⁴ sind uns die Malereien der Decke, der Eingangswand und zum grossen Theil der dem Eingange gegenüberliegenden Wand gerettet. Zu beiden Seiten der Thür sieht man je einen Fossor mit der Spitzhaue einen Fels bearbeiten. Auf der Decke sind der gute Hirt und, in zwei Lunetten, die Ausspeiung des Jonas und der unter der Staude ruhende Prophet ab-

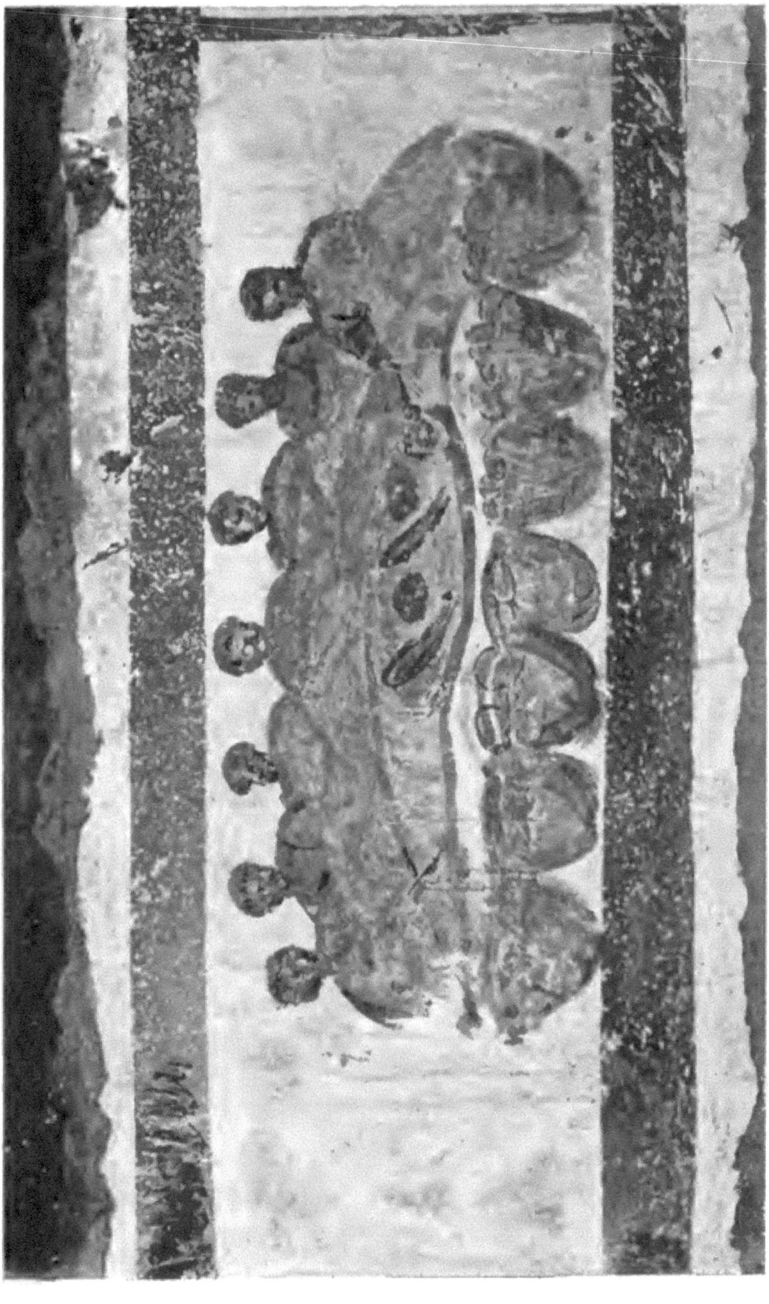

VI. Malereien von A⁶ und A⁸. A⁴ ist vielleicht keine Sacramentskapelle. 35

Fig. 13.

Fig. 14.

gebildet. Die erste Scene des Jonascyklus, die Auswerfung aus dem Schiffe, war in der Mitte der Hinterwand gemalt (Fig. 14). Bei der an dem Hauptgrabe vorgenommenen Restauration wurde die untere Hälfte der Scene mit Mörtel verdeckt, den ich erst vor kurzem entfernt habe. Es ist nun der ganze Schiffskörper, etwas von dem Oberkörper des Jonas und die Beine eines der Schiffsinsassen sichtbar. Die obere Hälfte des Bildes wurde durch ein späteres Grab zerstört. In den beiden Ecken waren zwei Oranten, links eine Unverschleierte, rechts ein Mann, gemalt; durch die nachträglich am Hauptgrabe ausgeführten Arbeiten wurden auch sie in dem untern Theile beschädigt. Sie standen, allem Anscheine nach, zwischen zwei Schafen, denn rechts von dem Manne befindet sich, in halber Höhe,

VI. Malereien von A⁶ und A⁷. A⁷ ist vielleicht keine Sacramentskapelle.   37

ein runder Farbenrest, der nicht leicht etwas **anderes** als **der Kopf** eines Schafes sein kann. Die zwei schmalen Felder zwischen **der Auswerfung** des Jonas und den Oranten waren durch je einen sitzenden **Putto**, der eine Guirlande hielt, ausgefüllt. Der zur Linken ist ganz zerstört; von dem andern sieht man den Kopf und ein Stück der hängenden **Guirlande**. Für die üblichen Darstellungen **der Taufe** (Quellwunder) und Eucharistie **(Mahl** der Sieben) blieben **demnach nur die** beiden Seitenwände übrig. Die **zwei** obern Felder **derselben, die zur** Aufnahme von Scenen breit genug wären, enthalten jedoch **nur** einfache Ornamente; die **mittlern Felder,** welche einen Theil ihrer Stuckbekleidung verloren haben, sind aber so schmal, **dass sie** vermuthlich **nur mit den** zwei Einfassungsborten decorirt **waren. Demnach ist es zweifelhaft,** ob die Kammer A⁷ ein Bild der Taufe **und der Eucharistie überhaupt** je besessen hat. Ein bestimmtes Urtheil **lässt sich jedoch darüber** nicht fällen.

Anhang.

Die Malereien der „cripta delle pecorelle".

De Rossi schliesst seinen langen Commentar zu den Fresken der Sacramentskapellen mit der Erklärung einiger symbolischer Darstellungen, die in dem Arcosol einer der Eusebiusregion benachbarten Kammer, dem „cubicolo delle pecorelle", gemalt sind und aus einer beträchtlich spätern Zeit stammen [1]. Rechts im Bogen (Fig. 15) schlägt Moses Wasser aus dem Felsen; ein Israelit eilt hinzu und fängt mit beiden Händen Wasser auf, um seinen Durst zu löschen. Auf demselben Bilde legt links Moses seine Sandalen ab, um auf den Berg zu steigen, wohin die Stimme Gottes ihn ruft, der durch eine aus den Wolken ragende Hand angedeutet ist. Diese Darstellungen bieten die Eigenthümlichkeit, dass Moses bei dem Quellenwunder einen Vollbart und reiches Kopfhaar hat, daneben aber jugendlich bartlos erscheint. De Rossi glaubt den Grund der Verschiedenheit beider Typen darin zu finden, dass Moses auf dem ersten Bilde den Apostelfürsten vorstelle und deshalb auch dessen Gesichtszüge trage; auf dem zweiten Bilde sei er im historischen Sinne als der Gesetzgeber des Alten Bundes zu verstehen. Diese Erklärung, der auch ich mich früher angeschlossen hatte [2], ist nicht haltbar; denn sie widerstreitet der Thatsache, dass das Porträt des hl. Petrus auf den Fresken der Katakomben [3] von dem bärtigen Typus des Moses völlig verschieden ist: der Apostelfürst hat immer kurzgeschorenes graues Bart- und Kopfhaar, während der bärtige Moses hier wie in Trasone und in San Pietro e Marcellino dem „Barbarentypus" der klassischen Kunst entspricht. Der Grund jener Eigenthümlichkeit liegt auch nicht in einer muthwilligen Laune des Malers, denn von einer solchen Willkür zeigen die Katakombenmalereien

---

[1] De Rossi, *Roma Sott.* II, 349—351, tav. d' aggiunta A. B.
[2] *Principienfragen der christl. Archäologie* 27.
[3] Die für mein Werk über die Katakombenmalerei vorbereiteten Tafeln enthalten fünf Darstellungen des Apostelfürsten, von denen vier unbekannt sind.

Anhang. Die Malereien der „cripta delle pecorelle".

Fig. 15.

keine Spur. Wenn daher der Künstler hier Moses einmal bärtig und unmittelbar daneben jugendlich abgebildet hat, so muss er von einer bestimmten Absicht geleitet gewesen sein. Seine Absicht erhellt aus der verschiedenen symbolischen Bedeutung, welche beide Bilder haben. Das Quellwunder ist, wie immer, Symbol der Taufe; Moses vor dem Dornbusch versinnbildet dagegen nach meinem Dafürhalten den Gläubigen, der nach dem Tode vor das Antlitz Gottes tritt. Aus diesem Grunde trägt er auf unserem Fresco keinen Bart; denn alle symbolischen Persönlichkeiten, unter denen sich der Verstorbene verbirgt, wie Noe, Daniel, Jonas, Job u. s. w., werden in der Malerei der Katakomben stets bartlos abgebildet.

Fig. 16.

Links im Bogen ist, als Gegenstück zur Taufe, ein eucharistisches Bild (Fig. 16) gemalt. Es vergegenwärtigt den Moment der Vollstreckung der wunderbaren Brod- und Fischvermehrung, aber in einer Form, die sonst nur der Sarkophagsculptur eigen ist: der Heiland legt segnend seine Hände auf die Brode und Fische, welche ihm zwei Jünger reichen. Christus erscheint also auch hier als der Consecrirende, und die Jünger üben den Dienst von Diakonen aus. Die Zahl der Körbe ist sieben; sechs stehen am Boden, und einer wird von dem Jünger gehalten. Das Fresco wurde durch eine Nische zur Aufnahme der Lampe sehr stark beschädigt, was um so mehr zu bedauern ist, als die Farben sich ausgezeichnet erhalten haben.

Die grosse, schöne Composition der Lunette (Fig. 17) wurde durch ein später angebrachtes Grab leider auch verunstaltet. Wir sehen den mit dem Schafe beladenen guten Hirten inmitten seiner Herde, die aus sechs Schafen (darunter ein Widder) besteht. Wie auf zwei andern Fresken nehmen die Schafe verschiedene Stellungen ein: eines grast, ein anderes erhebt die Augen zum guten Hirten, und die übrigen stehen ruhig da. Zwei mit Tunica und Pallium bekleidete Männer unterbrechen ihre Reihe; sie fangen in die Hände hastig Wasser auf, das von einem Felsen in grosser Fülle herunterfliesst. Im Hintergrunde stehen zwei Bäume.

Nach de Rossi „werden hier die Wirkungen des geistigen Wassers vorgeführt"; die Scene sei „durch die Parabel des Evangeliums vom guten Hirten, in schönstem Einklange mit der Erklärung, die Callistus und die Väter des 3. Jahrhunderts, gegenüber den stolzen Verächtern der Sünder und ihrer Wiederversöhnung, von dieser Parabel gegeben haben, inspirirt". Er schreibt: „Der gute Hirt steht in der Mitte mit seiner Herde und trägt das verlorene Schaf auf seinen Schultern in den Schafstall zurück. Weil sodann Christus gesagt hat: „Die Schafe, die noch nicht zu meinem Schafstall gehören, müssen zu mir geführt werden", und diese Mission den Aposteln mit den Worten auftrug: „Gehet hin in alle Welt und verkündet allen das Evangelium und taufet sie", deshalb sehen wir zwei Apostel in entgegengesetzter Richtung forteilen und die Hände zu der Quelle des geistigen Wassers erheben und die Schafe rufen [1]. Von diesen gehorcht das eine dem Rufe, das andere flieht; das andere hört aufmerksam zu, indem es aufschaut, das andere hat den Kopf gesenkt und ist ganz auf die Nahrung bedacht, welche ihm die Erde bietet [2].

---

[1] Das „Rufen" ist in dem Fresco nicht ausgedrückt.

[2] Die Worte, in denen de Rossi die Stellung der Schafe charakterisirt, erhalten bei de Waal (in Kraus, Real-Encyklopädie II, 266) eine Ausgestaltung, die wir als bezeichnendes Beispiel von Subjectivismus in der Auslegung abdrucken wollen: „Eine besonders sinnig durchdachte Darstellung der Gottesherde auf Erden bietet sich uns auf dem Mittelbilde eines Arcosoliums im Coemeterium Callisti. Dort steht in der Mitte der gute Hirt mit dem verirrten Schäflein auf der Schulter; zu seinen Füssen erblicken wir den treu gebliebenen Theil seiner Herde, und zwar rechts einen Widder, links ein Schaf, als Repräsentanten der beiden Geschlechter in der Kirche. Beide Thiere wenden den Kopf dem Hirten zu, um ihre unverbrüchliche Treue anzudeuten. Schafe, die noch nicht zum Schafstalle gehören, welche aber durch die Apostel zu den Gnadenquellen des Heiles berufen werden sollen, erscheinen weiterhin zu beiden Seiten. Von ihnen hören einige in Reue und Vertrauen auf die Predigt der Busse, andere hingegen achten ihrer nicht, indem sie sich entweder im Hochmuth des Fleisches den sinnlichen Genüssen zuwenden oder aber sich im Hochmuth des Geistes stolz abkehren." Aehnlich auch Grousset (*Étude sur l'histoire des sarcophages chrétiens* 18): „De chaque côté du Pasteur, un disciple

42 Anhang. Die Malereien der „cripta delle pecorelle".

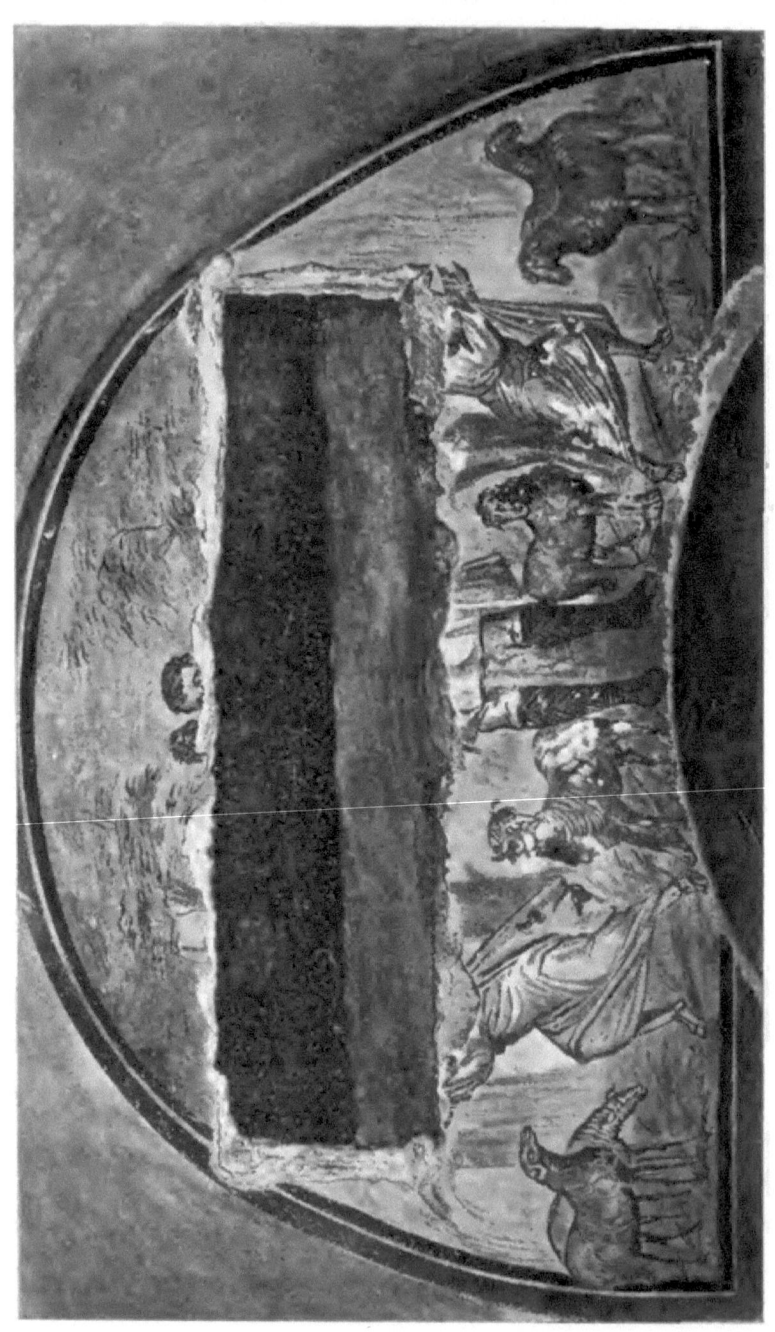

Fig. 17.

Der hl. Cyprian sagt vom Gläubigen, der die Taufgnade verloren hat und durch die Busse mit der Kirche wieder versöhnt wird: „Quia ovis iam fuerat, hanc ovem abalienatam et errabundam in ovile suum pastor recipit"; um aber Schaf Christi zu werden, bedarf es des Heilswassers: „Una est aqua in ecclesia sancta, quae oves facit" (*Epist.* XXXI). De Rossi macht dann noch darauf aufmerksam, dass eine solche Auffassung der Parabel in der Kirche nicht bloss zur Zeit des Callistus, sondern auch später gelehrt wurde. Der Maler hätte hier also vier Kategorien von symbolischen Schafen vereinigt: 1. die treuen Gläubigen, welche durch die beiden Schafe, die zu den Füssen des guten Hirten stehen, angedeutet sind; 2. den bekehrten Sünder, *qui ovis iam fuerat* und von dem guten Hirten auf den Schultern in den Schafstall zurückgetragen wird; 3. die Ungläubigen, welche durch die von zwei Aposteln gespendete Taufe in die Herde Christi aufgenommen werden; 4. die Ungläubigen, welche das Evangelium und seine Gnaden zurückweisen.

Diese Erklärung der Malerei fand bekanntlich einen grossen Anklang[1]. So geistreich sie ohne Zweifel ist, so müssen wir sie dennoch ablehnen. Denn aus einer Zusammenstellung sämtlicher Gemälde des mit dem Schafe beladenen guten Hirten ergibt sich mit Nothwendigkeit, dass alle eine

---

exhorte les brebis, qui reçoivent diversement la bonne nouvelle. Les unes s'approchent, écoutent, et sont baignées par une onde mystique dont le sens est facile à entendre; les autres se détournent pour brouter et restent dans les lieux arides. On le voit, c'est là une sorte de commentaire morale, placé à côté du Berger divin. La scène est développée, mais dans le sens religieux plutôt que dans le sens artistique. Chaque personnage a sa valeur spirituelle; chaque brebis représente un état de l'âme en présence de la grâce" etc. Groussets Erklärung eignete sich Pérâté (*L'archéologie chrétienne* 87) an.

[1] In der Erklärung des Bildes weicht von de Rossi Kraus, *Geschichte der christlichen Kunst*, ab. Er schreibt (202): „Zu dem Gedanken eines allgemeinen Gerichtes scheint die Vorstellung der Scheidung der Böcke von den Schafen (Matth. 25, 32) überzuleiten, welche dem Katakombengemälde in S. Callisto (De Rossi, *Roma Sott.* II, atl. agg. A.) zu Grunde liegt." Auf Seite 103 des citirten Werkes ist dagegen de Rossis Deutung angenommen. Wir lesen: „Die bald gelehrige bald theilnahmslose oder abgewendete Haltung der Thiere" (Schafe) „tritt am deutlichsten auf dem schönen Fresco von S. Callisto hervor... Neben dem guten Hirten, der das wiedergefundene Lamm auf den Schultern trägt, sieht man zwei seiner Jünger, welche das herabströmende Wasser auffangen, um es den unten harrenden gelehrigen Lämmern mitzutheilen, also die Andeutung der Taufe." Die erstere Auslegung wiederholte Atzberger, *Geschichte der christlichen Eschatologie innerhalb der vornicänischen Zeit* 630: „Eine Darstellung des allgemeinen Gerichtes, wie dasselbe nach Matth. 25, 32 in der Scheidung der Schafe von den Böcken bestehen wird, ist wohl schon gegeben in dem Katakombengemälde in S. Callisto" u. s. w. Wir brauchen wohl kaum zu bemerken, dass unser Fresco nicht „Böcke", sondern nur einen Widder aufweist.

und dieselbe symbolische Auslegung fordern, und zwar diejenige, welche in dem Gebete einer alten Todtenliturgie ausgesprochen ist. Dasselbe lautet: „Indem wir die Pflicht gemäss der Sitte unserer Glaubensvorfahren, den Todten zu begraben, erfüllen, bitten wir Gott, dem alles lebt, inständigst, den von uns in Schwäche beigesetzten Leib durch seine Kraft in der Reihe der Heiligen aufzuerwecken und die Seele den Heiligen und Gläubigen beizugesellen. Möge Gott dem Verstorbenen im Gerichte barmherzig sein, da er ihn ja durch seinen Tod erlöst, von der Schuld befreit und mit dem Vater versöhnt hat. Möge er sich nun als den guten Hirten erweisen und ihn auf seinen Schultern (zur Herde) zurücktragen! Möge er ihn in das Gefolge des Königs aufnehmen und ihm an den immerwährenden Freuden und an der Gemeinschaft der Heiligen Antheil gewähren!" [1] Diesem Gebete zufolge ist das vom guten Hirten getragene Schaf das Symbol des Verstorbenen, der von dem Heiland zu den Auserwählten gebracht wird. Unsere Malerei ist von dieser Auslegung nicht auszuschliessen; sie darf im Gegentheil als eine glänzende Bestätigung ihrer Richtigkeit betrachtet werden. Es liegt zunächst gar kein Grund vor, die Schafe in verschiedene Kategorien abzutheilen: alle sechs bilden die Herde. Dass ihre Reihenfolge durch die beiden Männer unterbrochen ist, erklärt sich aus dem Unvermögen des Künstlers, der bei dem Entwurf seiner Composition nicht perspectivisch in die Tiefe ging, sondern die Figuren reliefartig nebeneinander setzte, ein Fehler, der fast allen coemeterialen Bildern anhaftet. Die verschiedene Stellung der Schafe kann auch kein Hinderniss bieten, denn sie ist lediglich artistisches Motiv und kehrt, wie gesagt, auf zwei andern Fresken wieder. Alles kommt also auf die beiden Männer an. In welchem Sinne sie nach der Intention des Malers zu nehmen sind, lehrt das Bild des Quellwunders: dort sehen wir einen Israeliten, der in ganz gleicher Weise, wie jene Männer, dargestellt ist, indem er hastig in beide Hände Wasser auffängt, offenbar nicht um zu taufen, sondern um zu trinken. Da nun die Männer mit derselben Hast die gleiche Handgebärde machen, so müssen auch sie nicht als Taufende, sondern als solche, die von dem Wasser trinken, aufgefasst werden. Das Wasser selbst hat hier jene Bedeutung, in welcher es so häufig die Heilige Schrift gebraucht: es ist eine Anspielung auf die ewige Seligkeit. Eine Stelle aus der *Offenbarung* (7, 13 ff.) mag genügen, um diese Symbolik zu beweisen. Auf die Frage eines der Aeltesten, wer „die mit weissen Gewändern Bekleideten seien und woher sie kämen",

---

[1] Muratori, *Liturgia rom.* I, 751. Zu vergleichen II, 290. 356.

antwortete der Herr: „Es sind die, welche aus grosser Trübsal kamen, und ihre Kleider gewaschen und weiss gemacht haben im Blute des Lammes. Darum sind sie vor dem Throne Gottes und dienen ihm Tag und Nacht in seinem Tempel; und der auf dem Throne sitzt, wird über ihnen wohnen. Sie werden nicht mehr hungern noch dürsten, denn das Lamm in der Mitte vor dem Throne wird sie weiden und zu den Quellen des lebendigen Wassers führen"[1]. In diesen geheimnissvollen Worten schildert der Seher das Los der Märtyrer im Himmel. Wenn wir also auf unserem Gemälde des guten Hirten, der den Verstorbenen zu den Auserwählten gebracht hat, zwei Männer sehen, die sich an dem „Quell des lebendigen Wassers" erfrischen, so ist es klar, dass wir in ihnen zwei Verstorbene in der ewigen Seligkeit zu erkennen haben. Die Composition bildet demnach ein Seitenstück zu jenen Gemälden des guten Hirten, auf welchen neben oder hinter den Schafen Selige in der Haltung des Gebetes stehen.

Als eine Anspielung auf die ewige Seligkeit kommt das Wasser auch in den Martyreracten der hll. Perpetua und Felicitas vor. Nach vielem Beten und Seufzen schaute Perpetua in einer Vision ihren verstorbenen Bruder Dinocrates, wie er aus einem finstern Orte heraustrat. Hitze und Durst quälten ihn. Sein schmutzig bleiches Angesicht zeigte noch die Krebswunde, an der er gestorben war.... Eine grosse Kluft trennte sie von ihm, so dass sie sich gegenseitig nicht nähern konnten. Neben Dinocrates stand ein Wasserbecken, dessen Rand für die Grösse des Knaben zu hoch war. Dinocrates streckte sich, um zu trinken, konnte aber das Wasser nicht erreichen. Da erwachte sie und erkannte, dass ihr Bruder noch zu leiden hatte. Sie setzte ihr Gebet unaufhörlich fort und wurde erhört. Denn an dem Tage, wo sie in der Folter gelassen wurde, hatte sie folgende Vision. Sie sah wiederum Dinocrates. Er war rein am Körper, schön gekleidet und in angenehmer Kühle. Seine Wunde war vernarbt. Der Rand des Wasserbeckens reichte nur bis zu den Hüften des Knaben, und obenauf lag eine goldene Schale, voll von Wasser. Dinocrates trat hinzu und trank; die Schale wurde niemals leer. Nachdem er seinen Durst gestillt, eilte er fort, um nach Art der Kinder zu spielen. Sie erwachte und erkannte, dass er aus dem Orte der Pein befreit, dass er in das Paradies versetzt war[2]. Dort labte er sich an dem Wasser aus einer „goldenen, unversiegbaren Schale", wie auf unserem Fresko die beiden

---

[1] Vgl. Offb. 21, 6; 22, 1. 17.
[2] Pio Franchi de' Cavalieri, La passio ss. Perpetuae et Felicitatis 118 sqq. (V. Supplementheft der Röm. Quartalschr.).

in das Paradies aufgenommenen Verstorbenen aus „dem Quell des lebendigen Wassers", das aus zwei Felsen hervorströmt, trinken. Eine zutreffendere Uebereinstimmung zwischen einem Text und einer bildlichen Darstellung liesse sich nicht leicht erwarten; beide erklären und ergänzen sich wechselseitig.

Ueber die Entstehungszeit der Malereien urtheilt de Rossi[1] offenbar zu günstig, wenn er sie kurz nach der diocletianischen Verfolgung („appena sedata la persecuzione dioclezianca") ansetzt. Der einschichtige graue Stuck und die breiten, starren Umrisse der Figuren weisen auf die zweite Hälfte des 4. Jahrhunderts hin.

---

[1] De Rossi, *Rom. Sott.* III, 73. Pératé (*L'archéologie chrétienne* 87) schreibt die Malerei sogar dem 3. Jahrhundert zu.

Schlusswort.

Wir haben im vorhergehenden die wichtigsten Gemälde der Callistuskatakombe (im engern Sinne des Wortes) einer neuen Untersuchung unterworfen und uns mit den Gründen bekannt gemacht, warum mehrere von ihnen bisher nicht richtig gedeutet worden sind. Hier sei noch eines Umstandes gedacht, welcher, wenn auch nur indirect, zu den irrigen Erklärungen gleichfalls das Seinige beitrug: jene Malereien, insbesondere diejenigen der zwei ältern Sacramentskapellen, wurden von dem ganzen Complex des altchristlichen Bilderschatzes zu sehr abgesondert, während sie als Glieder desselben zu betrachten und im Zusammenhange mit ihm zu erklären sind. Thatsächlich kehren die Cyklen von A^2 und A^3, inhaltlich genommen, auf einer Reihe von andern Monumenten des 3. und 4. Jahrhunderts in den Katakomben der hl. Domitilla, Pietro e Marcellino, Trasone, della Nunziatella und im Ostrianum wieder[1]; formal genommen hatten sie in den Malereien der Lucinagruft, wie die noch erhaltenen beweisen, einen Vorläufer. Letzteres gilt jetzt auch von den vor vier Jahren von mir entdeckten Bildern der cappella greca. Die Prüfung aller dieser Fresken und ihr Vergleich mit denen der Sacramentskapellen hätten z. B. einen Gedanken wie den der „Verewigung" der „Erbauer" und „Besitzer der Kammern" sowie der „Lehrer oder Prediger" sicher nicht aufkommen lassen, da derselbe in den durch die ältern und gleichzeitigen Bildwerke zum Ausdruck gebrachten Ideenkreis gar nicht hineinpasst, ich möchte fast sagen, modern ist. Wäre das Bedürfniss nach einer solchen „Verewigung" damals vorhanden gewesen, so hätte es sich wohl zunächst bei den Malern geäussert; es findet sich aber in den Katakomben kein einziges Gemälde, das den Namen dessen, der es angefertigt, trüge. Dass der Besitzer einer Kammer sein Bildniss in Form eines Brustbildes anbringen liess, geschah vor dem 4. Jahrhundert nur einmal, in der sogen. cripta dell' oceano (zweite Hälfte des 3. Jahrhunderts), und

---

[1] Trotzdem schreibt Pératé, *L'archéologie chrétienne* 130: „(Les images dogmatiques) sont peu nombreuses et limitées au cimetière ecclésiastique, celui de Callixte."

48   Schlusswort.

kam in der spätern Zeit so selten vor, dass diese Fälle fast als Ausnahmefälle angesehen werden können. Die Regel war, dass man den Verstorbenen als Orans darstellte. Fresken, die ihn in der Ausübung seines irdischen Berufes zeigen, gehören erst der Friedensperiode an. Die Darstellungen der Fossoren, deren älteste diejenige der Sacramentskapelle A³ ist, lassen sich dagegen nicht anführen, denn sie sind in den drei ersten Jahrhunderten zu conventionell gefasst, als dass wir ihnen mehr als eine bloss decorative Bedeutung zuschreiben könnten.

Die von uns den Malereien gegebene Deutung widerlegt schliesslich eine ganz grundlose Anschauung, welche in den Sacramentskapellen die Begräbnissstätte von Priestern und Fossoren sieht[1]. Diese Anschauung ist übrigens schon dadurch gerichtet, dass unter den zahlreichen zerstreuten Inschriftfragmenten jener Region auch nicht ein einziges mit dem Namen und der Standesangabe eines Priesters oder Fossors gefunden wurde[2].

[1] Pératé a. a. O. 131: „A en juger par leur décoration, il est très vraisemblable que ces caveaux ont servi à la sépulture de prêtres et de fossoyeurs."
[2] Die Inschriften sind grösstentheils auf den Tafeln XXXIX—XLIV des zweiten Bandes der Roma Sotterranea vereinigt.